U0552470

用会议激发团队效能

打磨团队

チーム・ビルディング

[日] 堀公俊 加藤彰 加留部贵行 / 著

高超 译

人民东方出版传媒
People's Oriental Publishing & Media
东方出版社
The Oriental Press

图字：01-2014-2933 号

TEAM BUILDING—Hito to Hito wo "Tsunagu" Gihou
By KIMITOSHI HORI, AKIRA KATO&TAKAYUKI KARUBE
Copyright © KIMITOSHI HORI, AKIRA KATO&TAKAYUKI KARUBE 2007
Simplified Chinese translation rights © Oriental Press. 2010
All rights reserved.
Original Japanese Language edition published by Nikkei Publishing Inc.（renamed Nikkei Business Publications, Inc. from April 1, 2020）
Simplified Chinese translation rights arranged with Nikkei Publishing Inc.
through Hanhe International（HK）Co., Ltd.

图书在版编目（CIP）数据

用会议激发团队效能. 打磨团队／（日）堀公俊，（日）加藤彰，（日）加留部贵行 著；高超 译. —北京：东方出版社，2021.8
ISBN 978-7-5207-2323-7

Ⅰ.①用…　Ⅱ.①堀…②加…③加…④高…　Ⅲ.①企业管理—组织管理学　Ⅳ.①F272.9

中国版本图书馆 CIP 数据核字（2021）第 148960 号

用会议激发团队效能：打磨团队

（YONG HUIYI JIFA TUANDUI XIAONENG：DAMO TUANDUI）

作　　者：	［日］堀公俊　［日］加藤彰　［日］加留部贵行
译　　者：	高　超
责任编辑：	崔雁行　高琛倩
出　　版：	东方出版社
发　　行：	人民东方出版传媒有限公司
地　　址：	北京市西城区北三环中路 6 号
邮　　编：	100120
印　　刷：	北京文昌阁彩色印刷有限责任公司
版　　次：	2021 年 8 月第 1 版
印　　次：	2021 年 8 月第 1 次印刷
开　　本：	710 毫米×960 毫米　1/16
印　　张：	14.5
字　　数：	119 千字
书　　号：	ISBN 978-7-5207-2323-7
定　　价：	58.00 元

发行电话：(010) 85924663　85924644　85924641

版权所有，违者必究

如有印装质量问题，我社负责调换，请拨打电话：(010) 85924602　85924603

目录

前言 1

第1章 基础篇
如何建设有效团队

1　优秀团队需要具备的要素　3
2　团队建设的四种类型　12
3　提高团队活力的条件　15

第2章 准备篇
团队建设的决定要素

1　设计活动的框架　25
2　更有效地召集团队成员　31
3　打造客观环境　45
4　促进团队成员间的关系性　58

第3章 技术篇

能够立刻使用的团队建设法

1　灵活运用破冰法　65
2　灵活运用团队建设的练习活动　85
3　更有效地运用团队建设活动　111

第4章 实践篇

促进团队建设

1　举办小型会议　122
2　举办集训研讨会　124
3　实施参加型培训活动　132
4　设立新项目　140
5　促进科室或小组等小团队更具活力　146
6　举办大型集会　152
7　促进各行业交流会持续举办　156
8　促进自治会等区域组织发挥更大的作用　160

第 5 章　熟练篇
将团队建设做到最好

1 如何对待对团队有不良影响的人　169

2 以创造可持续的团队为目标　182

3 观察能力决定了团队建设　188

后记　203

特别附录　206

前言

怎样才能让我们的部门更加有活力呢？

怎样才能让团队中的每个成员都齐心合力呢？

怎样才能让原本散漫的团队成为更具有凝聚力的团队呢？

当今社会中有过以上烦恼的人一定不在少数。我们每天都生活在各种各样大大小小的团体中，职场、公司、团体、地区、家庭、学校、集会等，良好的团队关系对于每个人来说是十分重要的。

当团队出现问题时，我们往往会认为是领导者的错误或其他成员的错误。经常把问题归结于某个人的能力问题。

确实，一个好的领导者是整个团队的核心，能够促进团队向好的方向发展。但是，试想一下，当你所属的团队出现问题时，能否轻易地更换领导者呢？即便可以，那么又在哪里能够找到理想的优秀领导者呢？换而言之，假如你是领导者，通略古今名人名著，并认真研读过优秀领导者的事迹，但是否就能成为一个优秀的领导者呢？

对于那些总是责怪团队成员的人来说也是同样的道理。既不能开除那个人，又不能改变成员的资质，那么，只是一味地责怪，对于解决问题没有任何帮助。

其实我们真正需要的并不是改变人的能力和资质，而是改善团队成员的士气和团队成员之间的协作关系，这才是使团队更加具有朝气和活力的方法。例如，当团队混乱没有朝气的时候，如何利用15分钟打开所有人的"引擎"，并注入最强的活力，我们需要关注的是这个问题。这也是本书要谈的主题"团队建设"。

所谓的团队建设，是综合讲述建立良好团队关系所需的思维方式和技巧的宏观概念。换而言之，就是建立人与人之间良好关系的技巧。

虽然个体的智慧和想法是有限的，但是通过彼此之间的分享和协作最终会形成强大的力量。团队建设告诉我们，应该如何使一个个的个体相互关联，共同合作，共同成长，以及如何合理地配置资源才能建立一种优秀的团队关系。这对于一个团队的领导者或创新活动的组织者来说，也是必不可少的技能。

但是，迄今为止，我们日本人对这个概念并没有形成足够的认识。因为大家普遍认为只要团队成员之间的差别小，思维方式相近，不用做什么特别的努力也可以形成团队。而所谓的团队建设也只不过就是大家抱团喊喊"加油加油"，或者"共同干杯"而已。

另外，对于团队建设方法的认识也存在着误区。提到团队建设，大家就会想到培训时做的那种有点难为情的游戏，或者是远离日常生活进行集体合作的体验等。相信这当中有"忙得要命还做这些孩子气的事"、"勉强配合觉得很烦"这类想法的人一定不少。其实这种团队建设方法来源于欧美，并不适合日本人的思维习惯和日本整体的经济环境。

因此，本书第一个主旨就是要给大家介绍身边的具体例子和方法，让多数人都觉得"这样的方式，我也可以轻松做到"。

即将为大家介绍的内容，是一些包括较为死板的人在内，任何人都可以轻松做到，并可以被运用在正式场合，能够在实践中充分发挥作用的技能和方法。所有的方法，笔者都在亲身经历后进一步针对成年人做了新的开发。而且，笔者还希望通过给大家介绍更多的实例来不断增加大家的关于团队建设的知识。

本书的第二个主旨，是提供有关团队建设发展过程的信息。

有趣的方法不过是一个小小的道具，只能起到暂时的效果，要建立优秀的团队，就要持续地进行团队建设，虽然技巧很重要，但是如何有效地组合和运用，以及掌握团队建设发展的进程才是更加关键的问题。

因此，书中首次尝试了新方法，通过大家都熟知的场面，将多种多样的技巧和想法重新组合，为大家说明了促进团队持续成长的方法。同时，还介绍了应对挑剔的成员和团队疲劳，以及灵活应对不断变化的状况的方法。相信通过阅读，大家一定能够了解和把握该如何去灵活运用这些方法。

前言部分到此为止，让我们大家共同踏入团队建设的世界吧！仅知道方法是不能促进团队发展的，阅读过后，拿出勇气来实践吧！

我们的口号是"好的，我也来试试"。这样，相信我们的周围一定会不断涌现出充满活力和朝气的优秀团队。

堀公俊
加藤彰
加留部贵行
2007 年 6 月

第 1 章

基础篇
如何建设有效团队

1　优秀团队需要具备的要素

2　团队建设的四种类型

3　提高团队活力的条件

1　优秀团队需要具备的要素

❖虽然不懈努力做到管理层……

谈到团队建设的话题，总是会想起好友小 A 的例子。故事有点长，在这里尽量简单地给大家介绍一下。

小 A 在我们这些同时期进入公司的同事里出类拔萃，进入公司 15 年后晋升为科长。这是一个全新的部门，部门成员都是从其他各个部门调过来的。一个崭新的部门本应聚集很多精英，但是新的部门成员里面却有被原部门"抛弃"的剩余力量，也有比小 A 年长的技术骨干，甚至还掺杂着临时员工，可以说是鱼龙混杂。

小 A 认为"开头是最关键的"，在上任的第一天和下属匆匆忙忙寒暄之后，就召集全体员工进行了讲话。在讲话中，小 A 传达了公司对新部门的期待，自己的决心，以及为整个部门树立新的目标和宣言。随后又鼓励每个员工轮流说了一下能胜任的领域以及个人的工作目标。

第二天，全体员工都聚在会议室里，全面分析了一下整个团队的目标。虽然员工们被这种突如其来的高涨气势弄得有点晕头转向，但是在小 A 的倡导下，每个人也都表达了自己的决心、个人工作目标，并为此做了保证。在为小 A 举行的欢迎会上，大家都表达了对小 A 的赞赏和期待，此时小 A 自以为已经成功地统一了整个团队的意识。

❖ **虽然有人吹笛但无人跳舞（无人响应）**……

当小 A 认为已经成功地统一了团队意识之后，开始在平时的工作中苛求工作成果，对于牢骚和解释一概不听，总是要求员工把工作做到完美的状态。在业务上也事无巨细地要求下属，彻底执行"菠菜法则"（报告、联络和商量，日语中"报联商"的读音与菠菜相同，故被称为菠菜法则。——译者注）。一旦发生重大问题，就紧急召集所有员工，强硬表达自己的想法。

但是，小 A 的严厉管理并没有促进业绩的增长，反而使错误的发生更加频繁。大多数员工逐渐形成了口是心非的作风，不与上司沟通，小 A 也无法及时得到工作现场的信息。员工之间的合作不协调，互相推卸责任的情况也越来越多。

图 1-1 团队建设失败的场面

每次，小A都会严厉指责，并对细节进行指示。这样反而使员工的士气越来越低落，工作业绩每况愈下。可以说已经形成了"虽然有人吹笛但无人跳舞"的局面。最终，小A没有取得显著的业绩，在半年后被调往其他的部门。

❖ 团队成员之间的关系性决定团队的好坏

小A的做法到底是哪里出了问题呢？小A过分专制的领导作风和过分追求业绩的做法确实存在问题，但是，在企业里面，有时在不同的场合和时间，也会需要这种领导风格。这一点，并不能成为责怪小A的理由。

小A最主要的问题在于急于追求成果，却忽略了团队建设。就像在没有土壤的地方奢求植物发芽一样，他从根本上弄错了事情的顺序。

团队是拥有共同目的的人的集合体。人集合在一起，就形成了人与人之间的关系性。所谓组织，代表人的集合的同时，也代表着各种关系的结合。因此，团队关系的好坏，即团队成员之间关系性的好坏，对能否有效发挥团队作用具有极大的影响。

例如，只有与上司之间取得良好的沟通和交流，工作才能顺利进行。关系密切的团体，才能创造出大量的优质创意。相反，如果彼此之间信赖度低，没有共同协作完成工作的意识，无论在多么完美的管理体系与守则下，都难以达成理想的成果。

当然，上下等级关系、权力、职位等也是人与人关系中的一种。"你为我做了……我也给你……"这种等价交换也是其中的一种。像这样，通过权力或者等价交换而使人发挥作用是现在企业里面的常用手段，但是仅靠这一点是不能够真正唤起团队的力量的。因为人都是有感情的。

❖ 感情在很大程度上左右成果

会议、商谈、研讨、研修……我们以商讨的名义通过彼此之间的相互协作，来达成创造或者学习的目的。要想通过商讨取得解决问题的对策、创意和方案，或是取得具体的成果，有两个要素是必不可少的。

一个是事实、知识、经验等之类的信息资源；另一个就是分析信息并将其进行重新组合的思考过程。拿电脑来举例的话，前者就是数据，后者就是程序。在电脑里面输入数据和程序，就会自动得出最适合的答案。无论何时，只要输入相同的数据和程序，都会得出相同的答案。

但是，人是有感情的动物，和电脑是不一样的。处在不同的心理状态下，数据和程序都会有所不同。即使是同样的数据和程序，由于不同状态时的感情差异，答案也会随之发生变化。

更何况，多人商讨时，彼此之间的关系与情感在很大程度上影响着结果。这种情况在日常生活中也比较容易表现出来，比如在讨厌的人面前不喜欢说话，生气的时候会不由自主地说很多不该说的话。无论别人怎么劝说，要是感觉无法达到一致的话就不认同。人是受感情支配的动物，如果不能很好地处理感情问题，信息资源和思考过程就无法灵活地发挥作用。

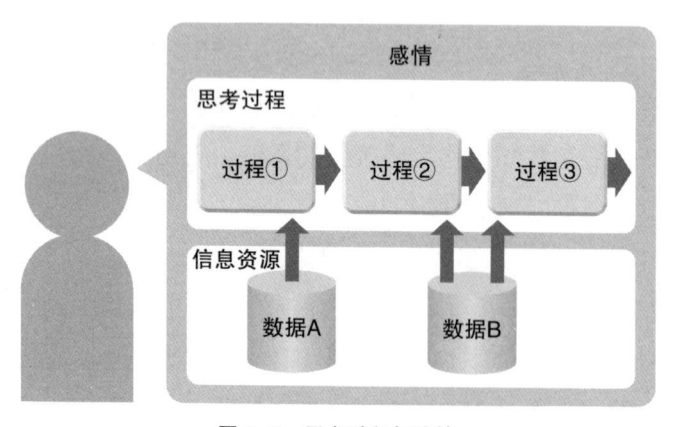

图 1-2　思考过程与感情

✧ **集体与团队的差异**

就像最初给大家介绍的例子一样，并不是人与人集合在一起，就能组成有效的团队。即使拥有共同的课题，意识也未必能达到统一。如果不做好热身运动，就不能进行很好的交流，也不会有高涨的情绪和干劲。

大家知道集体与团队（组织）的不同之处吗？例如，导游举旗带领的旅游者的集合称为集体，相对而言，足球比赛中共同战斗的选手们则被称为团队。团队具有集体所不具备的三种特征。

(1) 共同的框架

目的、目标、规范、步骤、任务等，要把很多人统一到一起，必须要有共同的框架。如果没有，那最多也只不过就是散乱个体的集合，无法进行统一的活动，也无法实现团队的职能。

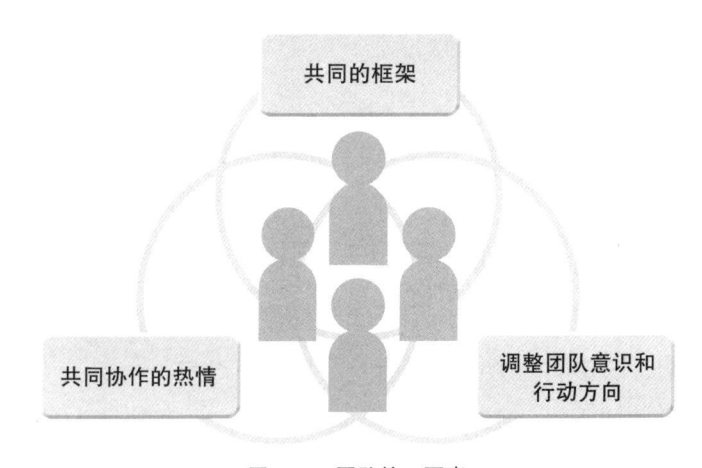

图 1-3　团队的三要素

(2) 共同协作的热情

所谓共同协作的热情，就是"大家共同努力"的心态。即使拥有了共同的框架，如果成员有"只做好自己的事情就好"或"不喜欢与那家伙合作"这类消极的想法，就无法组成团队。每个人不仅要为自己奋斗，还要有为团队奉献的意识才能有效地发挥团队作用。

(3) 调整团队意识和行动方向

如果不调整团队的行动和意识，好不容易拥有的协作热情会半途而废，也就无法有效地发挥团队的作用。具体来说就是要通过积极的沟通和交流，调整思维方式与行动方向。如果一个团队不能进行充分的沟通，也就不能称之为团队。

✣ 团队建设

在商谈之初，使集合起来的群体具有共同的框架，建立彼此之间的关联性来提高协同工作的热情，并创造出适合沟通和交流的环境。这一系列的过程被称为团队建设。也就是，为了使单纯的群体成为团队，要对团队意识和行动的相互统一进行调整。

作为团队的领导或者负责会议、工程等进程活动的推动者，必须在短时间内使团队充分发挥力量。所以，团队建设就成为活动最初也是最重要的课题。

进一步来说，团队的状态是不断变化的，我们必须不断地观察并推动团队力量发展壮大。这就要求我们非常仔细地应对各种状况，如果说团队建设决定成果，一点也不为过。

✣ 两天一夜的团队建设集训

下面，利用本书中将要介绍的团队建设的方法，来看一个成功的团队建设实例，请与前一个例子进行一下比较。

小 B 并不属于小 A 那种聪明类型。但是，大家都认为他所担当的项目多数都很有活力，也很成功。可能是因为小 B 在业余时间担任着志愿者活动的领导，他非常善于调动别人的干劲。因此，小 B 接替了小 A 的职务。

上任的那天，小 B 匆忙与大家寒暄之后，提了一个建议：进行两天一夜的集体训练活动。希望借助公司郊外疗养所的会议室，在轻松的氛围中与大家进行交流。

集训中，大家先是阐述了当时的心情与期望，进行了"Check In"活动（参照第 3 章第 1 节）。之后每五个人一组，来比赛用纸建塔的高度（"纸塔"，参照第 3 章第 2 节）。通过这个活动，大家体验到了协作的重要性。

下午，进入了本次集训的主题"领导的融合 Leader's Intergration"（参照第 3 章第 2 节）。目的是通过彼此间的自我剖析，小 B 与整个团队成员融为一体。活动中，正确的引导与小 B 坦率、不拘小节的个性相得益彰，活动结束时彼此之间的距离感已经完全消除。这种气氛一直持续到晚上聚餐，大家的笑声也一直持续到很晚。

第二天是个晴朗的好天气，所以大家改变计划，在外面一边散步一边进行了几个需要身体运动的"团队练习"（参照第 3 章第 2 节）。最初有的人不太喜欢，但是实际行动之后却发现很有趣，产生了很多新的体验和感觉。

温暖了身心之后，下午以"怎样使团队更有活力"为题，用"国际咖啡馆"（参照第 3 章第 2 节）的方式进行了充分的团体间讨论。讨论进行到白热化时，甚至忘记了时间，最后大家一致通过了五个行动方针，至此集训结束。

❖ 团队有了活力就会出成果

第二周，大家一到公司都吃了一惊。原来上司与下属面对面的像教室一样的格局变成了零落小岛似的形状，办公室的布局发生了很大的变化。为了让大家能够更轻松地交流而设置了商谈角，这样大家很自然地开始了交流。同时，还放置了供大家记录各自工作进展的揭示板，使彼此之间都能了解工作进展的情况。

例会的方式也发生了很大的变化。每次，都会预留出团队建设的时间来供大家进行近况的报告，之后才进入正题。而且，小 B 在会议中只担任会议的促进者，绝不独断。因为之前已经树立了"以团队的共同意见作为组织的决定"这一方针。

最初，大家还在观察小 B 的脸色而行事，但一个月之后就逐渐展开了自发性地讨论。团队成员之间交流的频率和质量大大提高，此时觉得曾经沉闷的组织气氛只是一场梦。现在，团队已经达成了季度目标，正在准备下一次的飞跃。小 B 也正在策划"组织中期构想"。

图1-4 团队建设成功的场面

❖团队建设的三个优势

只要在团队建设上面下功夫，即使是相同的人做相同的事也会达成完全不同的效果，对结果也会产生很大的影响。下面，我们来分析一下团队建设的优势。

(1) 统一

良好的团队建设可以统一成员对团队共同主题的理解、感情、意识以及热情。使本来零散的力量向着同一个方向努力，发挥最大的能量。

(2) 动力

良好的团队建设可以激发每个人的干劲。提到动力，可能很容易联想到金钱或者自我实现等个人动机。当然自我实现也是非常重要的，如果再加上"为团队做贡献"和"希望得到团队的肯定"这些愿望，那么，每个人的工作动力就会有飞跃性的提高。

(3) 活力

在很多团队中，团队成员的能力没有得到充分的认可，结果使"1+1小于2"。良好的团队建设可以使成员之间的能力相辅相成，产生"1+

1等于3或4"的成果。这才是一个真正团队所拥有的活力。

❖ 建设良好团队需要的三个要素

在本节的最后我们来思考一下团队建设的意义。大家知道社会关系资本这个概念吗？当今社会存在着各种有价值的事物，一般来说资本就是指人（人力资本）、物（实物资本）、金钱（金融资本）。但最近，知识或信息（知性资本）也常被算作资本。

对于以上概念，也有人把关系性作为资本来考虑。把人与人之间的关系当作资源，起名为社会关系资本。社会关系资本可以产生各种各样的价值。因此，扩充社会关系资本需要三个要素：信赖、互惠性、关系网。

在以物品制造为中心的工业社会，物（土地、设备、天然资源）或钱等看得见的资本一度受到广泛的重视。人只被看作单纯的劳动力。相对而言，在当今以知识为中心的信息化社会，人（能力）、知识、关系等看不见的资本却越来越受到人们的重视。

其中，在21世纪的关系网型社会中，社会关系资本占据着重要的地位。人与人之间关系性的提高，可以激发人的潜在能力，并且通过人与人的相互作用，不断创造新的知识。

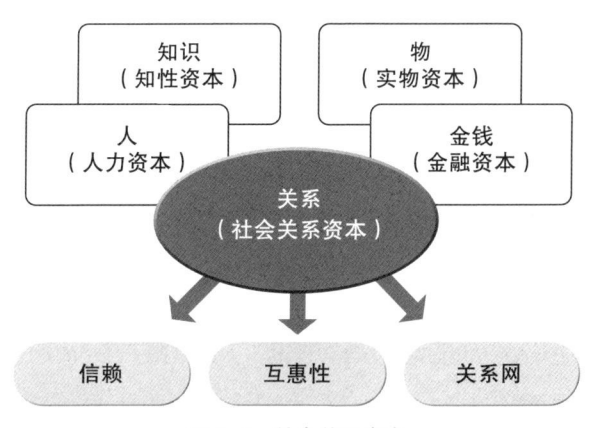

图1-5 社会关系资本

总之，社会关系资本是人的资本与知识资本相结合的催化剂，社会关系资本的多少决定着集团机能的大小。而且，社会关系资本是一种只要通过不断的努力就可以无限增长的资本，甚至可以说关系性的好坏能决定企业活动的效果。

2 团队建设的四种类型

✤ 对团队建设进行分类的两个轴

虽然同样都叫作团队建设，但是不同类型的团队拥有各自的个性和特点，这就要求团队建设的方法也随之改变。

团队的分类可以划分出两个轴。一个是，属于暂时性的还是在一定时期内具有安定性的团队。另一个是，团队成员的个体性与团队凝聚力哪个更强。如此一来，团队就可以分为四种类型，那么团队建设也就分为四种。

①会议、研讨会
②项目
③安定的组织
④委员会组织

✤ 会议、研讨会的团队建设

在这种类型的团队中最容易感觉到团队建设的效果。

因为会议、研修、集训、研讨会等集合在一起的人是一个拥有共同目的的团队。但是，平时很容易因为忽略了团队建设，而产生各种各样的问题。

但是因为每次活动的时间是有限的，不可能在团队建设上花费很多的时间。所以，最初针对活动的设计和计划就变得尤为重要，应尽量在最短的时间内进行最有效的团队建设。特别是团队成员之间初次见面的时候，首先要仔细设计场地，同时，预先保留团队建设的时间也是非常重要的。

❖ 项目的团队建设

项目工程这样的组织，是团队建设中最能发挥效果的团队类型。它要求在短时间内建设培养出强大的团队。

项目是由拥有不同知识和文化背景的人，为一个共同的目标而组成的临时组织。成员之间个性差异大，配合度以及动机都各不相同。如果最初没有建立良好的成员关系，之后就会出现很多散漫、凌乱的事情。

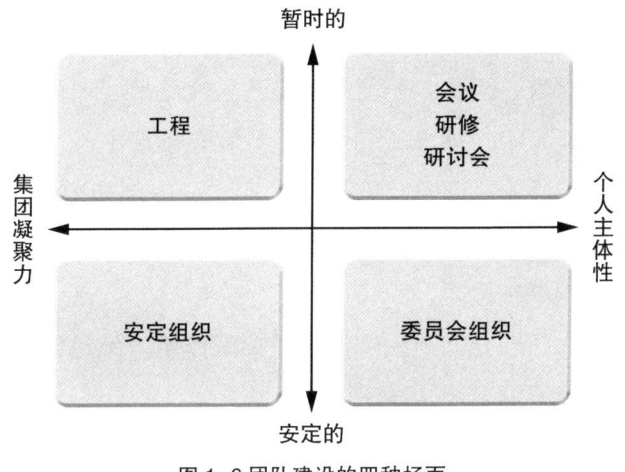

图1-6 团队建设的四种场面

不管怎么样，项目工程都需要在短时间内实现团队的机能并创造出效果。团队建设在项目工程进行中非常重要，可以说团队建设的好坏决定着成败。有的人甚至在第一次开工程会的时候，就能预想到工程的结果。

提到工程的运作，以工程管理（PM）为代表的话，大家都会普遍关注"为追求成果而实施的管理方法"。即使如此，仅仅依靠管理并不能使项目良好地运作。最近，促进工程成员间相互作用的工程督导（PF）受到了广泛的关注。

那么事物的中心问题就在于团队建设。具体方法将在下一节中详细讲述，团队建设可以建立团队关联性，激发成员的自律性，使团队成员之间相互积极协作，共同进步。因此团队建设是工程领导必备的技能。

✣ 安定组织的团队建设

提到安定的组织，可能很多人会说"现在才想团队建设……"确实，曾经按照年资制度（终身雇佣制）运作的组织显然就是一个命运共用体，即使不做特殊的团队建设，也能发挥团队的作用。

但是，现在的组织中，混杂着许多中途录用者、专业人才、非正规雇员、外国人等，成员之间呈现出复杂性和多样性。而且，面对瞬息万变的环境，组织变动及人事变动变得越来越频繁，甚至 M&A 进行的组织并购也不再稀奇。因此，无论是组织还是成员都要求具有实战能力。

在现在的组织中，领导者的主要任务就是创造出一个能让成员最大限度发挥能力的环境。而且，如果不在短时间内创造出最适合的环境，就会赶不上环境变化的脚步。因此，安定组织也与工程类的组织相似，团队建设变得越来越重要。

团队建设在新成立的组织中最能发挥其作用。但是，绝对不是说已经成立的组织就不需要团队建设。

即使表面上看起来很顺利的组织，如果内部存在团队建设的问题，也会间接引起各种各样的问题。组织是随着时间而一点点僵化的。如果不定期为组织注入新的活力的话，早晚会血管硬化，产生致命的问题。经常保持组织的新鲜感，定期进行团队建设是必不可少的。

✣ 委员会组织的团队建设

委员会组织是指独立于其他部门，因安全卫生、危机管理、环境对策等主题，由安定组织里面的代表或专家，定期集合而形成的组织。由行政部门举办的审议会、学校校内的委员会、区域的各种协议会以及由不确定的人数组成的研讨会等都可以纳入这一范畴。

委员会组织与安定组织无论在权限上还是作用上都存在着关联性。因此，成员之间独立性高，向心力低下。频繁更换成员的情况很多，团队意识也比较单薄。

为了避免这种情况的出现，使之作为一个团队而拥有共同的目的，必须培育一个整体性的而不是部分性的团队。如果不这样，委员会就可能变成单纯调整利害的场所。

3　提高团队活力的条件

❖加快团队发展进程

组织（团队）是为了达成个体无法达到的目标而建立的。但是，每个人的思维方式与文化底蕴都不同，很难在短时间内组成一个优秀的并能发挥效果的团队。最初，团队会处于混乱的状态，甚至会出现对立，那么，一个团队需要迈进的第一步就是跨越这些混乱与对立的局面，向着优秀团队发展，充分发挥团队效应。

塔库曼准则（Tuchman Model）中描述了一个团队能够发展成为有效发挥机能的优秀团队的过程。

①形成期：集合团队成员，彼此建立团队关系的时期。

②混乱期：团队成员之间的思维方式和感情相互磨合、相互碰撞的时期。

③统一期：团队成员之间逐渐形成共同的规范，分工明确，发挥效应的时期。

④成果期：作为一个成熟的团队，发挥作用，并取得成果的时期。

这些是团队发展所要经历的必然阶段，一个团队想要发展，就必然要经历每一个时期，最终获得成功。

但是，作为一个团队所要追求的是在最短的时间内发展到第四阶段，并且，一定要最终发展成为能够取得成果的团队，否则，前面的阶段也就失去了意义。总之，团队建设就是一个加快团队成长的进程，也是一个尽可能创造团队活力，发挥团队优势的过程。

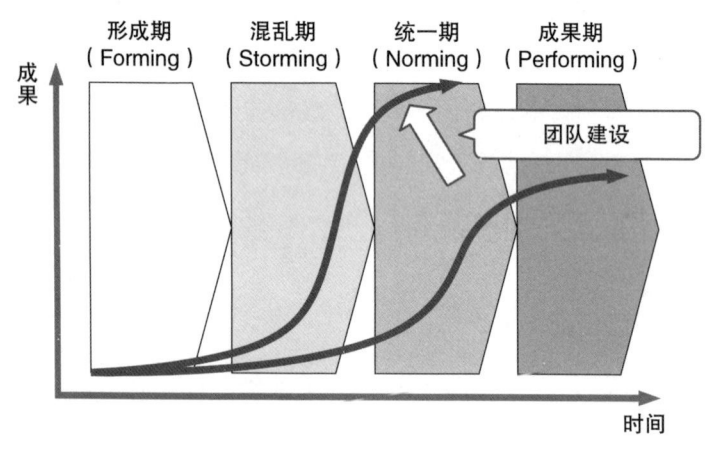

图 1-7 塔库曼准则（Tuchman Model）

❖ 有活力的团队

那么，"有活力的团队"到底是指什么样的状态呢？思考这个问题的时候，请首先回想一下自己曾经的经历。

大家现在在充满活力的团队工作吗？如果回答是否定的，那么你曾经在充满活力的团队工作过吗？在迄今为止的经历中，你认为最有活力的团队（组织）是哪一个呢？

关系公司命运的紧急项目、学生时代的社团活动、地区活动实施委员会等，相信会有各种各样的答案，每个人肯定都经历过"最精彩的团队活动"。

下一个问题。你为什么选择那个团队呢？为什么感觉它有活力呢？有活力的团队，到底是指什么样的状态呢？

因为团队成员干劲十足，大家都在为团队贡献力量，自然而然就很有干劲等，相信这个问题也有很多不同的答案。把这些问题整理一下，可以大致分为两个轴。

✣ 培养成员的主体性

第一个轴是成员充分发挥了主体性。换而言之，就是在根据自己的意愿来行动。

如果是因被人命令、被请求、被勉强而行动的话，就不能组成有活力的团队。或者是因为规则、任务、工作等原因不得已而行动，无论是成员或团队都不可能有生机和活力。

只有个体自发地参与团体活动，才能为团队带来活力。只有个体自发地为团队提供创意和劳动力，在团队中充分发挥了自己的才能，才能体会到为团队贡献的成就感。

当团队成员自主性很强的时候，即使团队面临问题，团队成员也会自主地前进排除一切问题。并不是因为受到谁的命令，而是自愿且不惜余力地发挥自己的才能。因此，没有自主性，就不可能实现充满活力的团队。

✣ 充分激发成员之间的相互作用

团队是否有活力的第二个轴就是成员之间的相互作用。也可以说是发挥互补性或是同心协力。

对于一个团队来说，如果只是自主性强，那么活跃的成员个体也只能处在一个散乱的状态下，白白浪费了自主性。成员之间不能很好地协作，结果导致无论是团队成员还是团队都不能充分有效地发挥作用。

在团队中，成员之间相互接触，相互作用，才能在不经意间产生新的创意。这样，才能不断地发现新的自我和他人，实现学习和自我成长的目的。协同工作能达到学习的目的，进而通过学习更好地协同工作。只有这样，团队活动才能增添活跃性，团队的魅力就在于成员之间的相互协作和相互作用。

当然，如果没有自主性而只是相互作用，团队就会处于一种不安定的状态，同样无法形成有活力的团队。同时，如果既没有自主性又不存在相互作用，那么团队就只剩下一个空壳了。

在团队成员充分发挥主观能动性的基础上，不断产生积极热烈相互作用的关系。这不正是我们一直所向往和追求的团队的样子吗？恐怕大家脑海里面浮现出来的团队正是那样的状态吧。

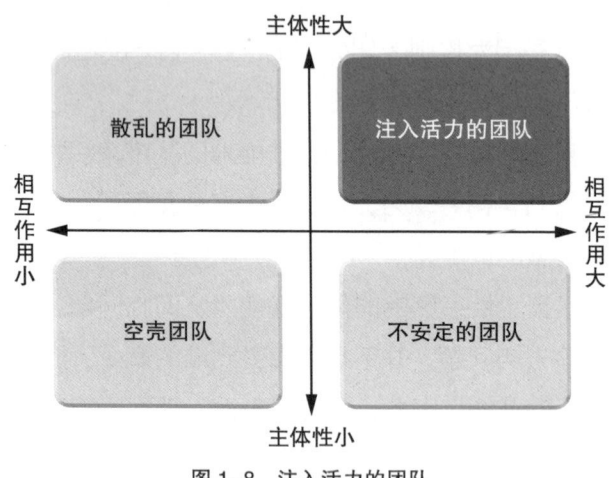

```
                   主体性大
                      │
    ┌──────────┐      │      ┌──────────┐
    │ 散乱的团队 │      │      │注入活力的团队│
    └──────────┘      │      └──────────┘
相互                  │                  相互
作用  ────────────────┼────────────────  作用
用小                  │                  用大
    ┌──────────┐      │      ┌──────────┐
    │  空壳团队 │      │      │ 不安定的团队│
    └──────────┘      │      └──────────┘
                      │
                   主体性小
```

图 1-8 注入活力的团队

❖ **为什么团队无法充分发挥团队的作用**

按照这样的方法思考，就会明白为什么很多组织的成员总是在抱怨愿望无法得到满足和实现。大企业与官僚主义组织的毛病也是同样的。反观前面所谈论的话题，就会明白那是因为这些组织中成员的自主性和相互作用的关系都没有得到充分的发挥。

（1）自主性无法实现

①在组织中，不能做自己想做的事情。

②在组织中自己的能力无法得到充分的发挥。

③无意中变成了组织的一个齿轮。

④不知道怎么才能在组织中发挥自己的才干。

⑤无法充分表现自我。

（2）成员之间的相互作用没有充分调动

①成员各自努力的方向不一。

②对工作淡漠，感觉不到其中的趣味。

③虽然和大家在一起工作，还是感觉到孤独。

④在组织中感觉不到自己的成长。

⑤感觉不到工作的意义。

存在以上烦恼的人请从团队建设的最初重新开始，作为领导就不用说了，即使是成员，也有很多可以做的事情。

只有充满活力的团队的充实感和成就感，才是人与人之间相互合作共同达到目标时的一种真正的喜悦感。具体说来，就是不计得失，与伙伴之间共同流汗、共同努力的一体感（团体感）；被团队需要，担当部分工作的贡献感；以及完成了一项个体无法实现的大课题时团队伙伴之间共同蜕变的成长感。

❖ **团队建设的四个要素**

下面我们开始讲解团队建设的具体方法。与团队建设相关的事情很多，我们分为四个要素来讲解，这样比较容易理解。

(1) *活动的框架*

活动的目的、目标、程序（安排）、活动指南（规范）等，以上建立团队框架的计划必须是团队成员之间共有的。

(2) *成员的构成*

作为基础成员的个性与相互组合的关系在很大程度上影响着这个团队。要最大限度地发挥团队的力量，选择团队成员是最关键的要素。

(3) *场所（环境）*

成员之间的气氛能够在很大程度上左右团队活动，场所的设置也同样有着很大的影响。房间的选择、座位的布置和空间的安排等，都是重要的因素。另外，环境设计也是重要的因素之一。

(4) *关系性*

要使成员之间能够活跃地交流，那么成员之间的关系性是必要的。团队成员之间的关系性需要通过打破僵局，热身的协作体验来促进。

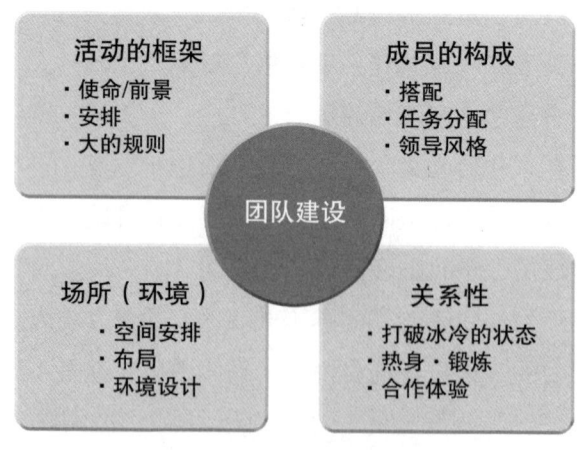

```
活动的框架              成员的构成
·使命/前景             ·搭配
·安排                 ·任务分配
·大的规则              ·领导风格

            团队建设

场所（环境）            关系性
·空间安排              ·打破冰冷的状态
·布局                 ·热身·锻炼
·环境设计              ·合作体验
```

图 1-9　团队建设的四个要素

作为团队的领导或团队进程促进者进行团队建设，首先要使用这四个要素来设计出团队建设的方案。进一步，在团队发展的过程中，要善于观察团队的状态和变化，在必要的时候处理和解决出现的问题。这样不断累积，最终才能决定整个团队的机能与活跃程度。

Column-1　日本式团队建设的复苏

最近，听说为了进行团队建设，日本的很多企业又重新开始了一些曾经一度废弃不用的活动。最典型的就是运动会。这个在信奉命运共同体说法的日本企业中被视为恶习，曾经被年轻人反感的运动会，重新被越来越多的企业采用。另一方面，在很多最先进的 IT 企业，为了创造进行团队建设的场所，开始组织大规模的公司职员旅游或者赏花会等。可能还有经济复苏的关系吧，单身宿舍和公司内部报刊也出现了复苏的征兆。

在这种大背景下，年轻人的意识也逐渐发生了变化。根据民间调查机关的报道，越来越多的年轻人认为"参加公司的运动会等公司亲善活动还不错"。

提到日本式的团队建设，"喝酒"是一个必不可少的存在。借着酒精的作用，说出平时在公司不能说的"因为有你，工作才能顺利进行"等真心话，因此居酒屋成为了激发员工贡献热情的最好的场所。

尽管如此，如果仅仅是喝酒嬉闹，消遣一下，没有更深的交流的话，对于真正的团队建设而言是有所欠缺的。最好是在喝醉之前，借助那个场所大家共同做一个团结合作的体验，我想这样会赋予活动更大更深的意义。

第 2 章

准备篇
团队建设的决定要素

1　设计活动的框架

2　更有效地召集团队成员

3　打造客观环境

4　促进团队成员间的关系性

1 设计活动的框架

❖ 应主要着眼于五个项目（要素）

团队建设从建立团队的时候就已经开始了。不仅是团队建设，无论做任何事情，一个良好的开始，都会使后续的工作达到事半功倍的效果。就像是俗语中说的那样"安排决定八成成败"，团队建设成功与否，80%取决于团队的计划和设计。

具体来说，设计由以下五个项目组成。这五项，不仅要实现安排企划，而且还必须让成员之间充分理解。

（1）Mission 使命（目的）

首先，需要明确"团队是为了什么而努力"，明确整个团队的方向。在组织或项目工程中称之为使命，在会议或研讨会中则称之为目的。

换句话来说，就是指"为了什么而努力"，"为什么把成员集中在一起"。如果一开始目的不明确，肯定会出现混乱的局面，最后团队成员都不知道自己一开始的目的是什么了。如果成员不能真正理解活动的意义，只能是被身边的工作所累，工作的积极性也会大大降低。

（2）Goal（目标、成果）

为了完成使命而订立的具体成果目标为"Goal"。目的是指为什么做，目标是指做什么。对于组织或工程来说就是前景（未来的状态），对于会议或研讨会来说就是产出的成果。

"成果目标不明确"是团队经常陷入困境的原因之一。例如"开创新事业"等，多数不明确的情况都像这种模糊的说法一样，可解释的范围很广泛。要有具体成果，应该订立明确的目标和成果标准，例如"某某年以内达成某某亿元的销售目标"。

追求学习、成长等精神上的成果时，也要以依据计划能够达成的具体表现为目标，例如"大家一致达到某某状态"，"团队合作达成某某目标"等。

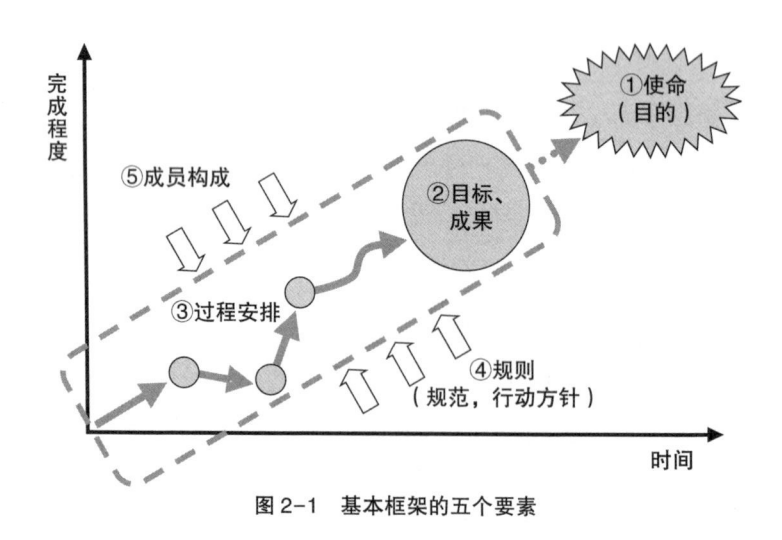

图 2-1 基本框架的五个要素

（3）过程（安排）

过程是指为了达成某一成果而安排的顺序和路线。要事先安排设计在什么时候以什么样的顺序进行活动（Activity）。对于会议或研讨会来说就是指怎样安排活动的议题（Agenda），对于项目来说，则意味着路线图的确定。

如果不慎重地思考过程，整个活动就会出现很多意外的突发状况，散乱没有头绪，从而严重影响整个活动的效率。如果不适当地在整个过程中加入检测点(Milestone)，不但难以很好地把握进展状况，活动的积极性也将很难持续。

关于解决问题和学习体验的过程等，有很多标准的行动顺序存在，但在实际活动中，只能结合根据不同活动的性质和活动成员的状况来安排自己独特的路线。针对不同的阶段，应该使用什么样的方法和活动也是在实践的过程中通过积累经验总结出来的，关于这个话题，将在第4章中详细叙述。

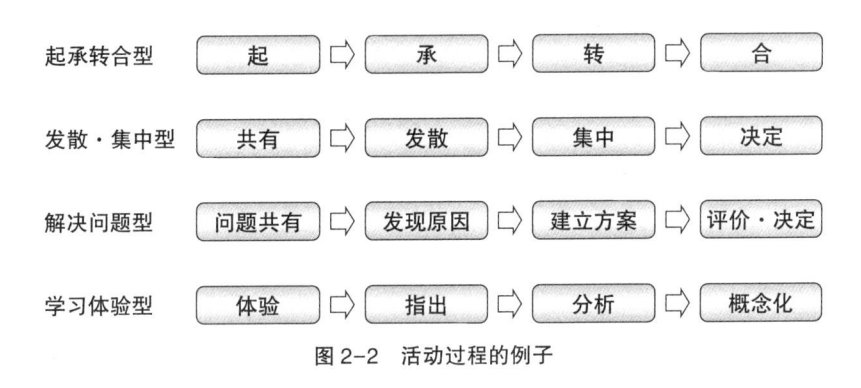

起承转合型	起 ⇨ 承 ⇨ 转 ⇨ 合
发散·集中型	共有 ⇨ 发散 ⇨ 集中 ⇨ 决定
解决问题型	问题共有 ⇨ 发现原因 ⇨ 建立方案 ⇨ 评价·决定
学习体验型	体验 ⇨ 指出 ⇨ 分析 ⇨ 概念化

图2-2 活动过程的例子

(4) 规则（Rule 规范，行动方针）

如果团队存在特有的规则或规范，整个团队就会更容易领导和统一。尽管如此，也并非要墨守陈规，而是要建立一个适合团队行动的准则和依据。

在会议或研讨会中被称为宏观规范(Grand Rule)。例如"不打断别人的讲话认真倾听"，"忘记职位和立场"等，应尽量列出具体详细的行动方针。也可以在阻碍团队活动继续进行的问题成员出现之前，利用这一规则来阻止这种情况的发生。

在项目或安定组织中则被称为 Value(行动指南)。就是决定对团队有价值的广泛的标准。例如，在"尊重多样化"，"提倡开放式活动"等此类社会价值标准中，选择适合项目或组织的行动指南，就是比较简单的方法。

(5) Member（成员构成、职位）

实际上，对团队活动成果影响最大的是团队成员的选择和搭配（Combination）。虽然成员数量越多，团队力量越大，但是当数量增大时，想要达到统一则是一个难题。相反，虽然人数少时更容易达成统一，但是如果成员数量太少，又会影响意见的多样性，削弱了团队的优势。应该按照最小多样性原则，尽量追求利用最少的人数创造出最多的智慧。

在选择成员的时候，一定要没有任何遗漏地认真考虑重要人物的利害关系。否则，一旦到了实际行动的阶段，很容易出现歪曲、颠倒的状况，好不容易总结出的好的意见很可能无法落实。

团队成员的选择是一个很重要的问题，在后续的叙述中将更加详细地讲解。

❖不要过于强加给团队

以上五点是组成团队建设中枢的重要因素。作为团队的领导，有必要事先详细思考，缜密决定。团队建设方案在脑海中成形之前，一定要把以上要点牢记于心中。

不过，把以上准则牢记在脑海中虽然没有问题，但是如果把缜密的计划照搬到团队中，可能会阻碍团队成员的行动，影响团队的活力。

例如，团队领导如果把经过慎重考虑的模式单方面地强加给团队，还能够调动团队成员的积极性吗？如果，团队成员没有自由发挥的余地，那么团队活动就变成了乏味的体力劳动的连续，也就不会产生个体的主体性与相互作用发挥机能的效果了。

人在做事情的时候，越是精心地准备就越容易照搬计划来行事，这是人心理上一个极大的陷阱。要想充分调动团队的力量，就请鼓起勇气"放手"，在开始进行团队活动的时候，暂且放手，与团队成员一起逐渐步入正轨。

在领导团队时，准备一个腹稿（基础方案）是无可厚非的，但是，关于"应该设定怎样的目标"，"以怎样的顺序进行最好"这类问题，还是应该一一听取团队成员的意见，依据团体的共同意见来决定团队的目标和行动准则，这样做与能否充分调动团队的力量是息息相关的。

✣ 让团队成员参加和理解

让团队成员加入到整个活动框架的确立过程中来，还有另一方面的意义。就是有利于成员的接受和理解，从而提高成员的干劲。

团队成员对整个团队目标和过程赞同感的高低，对整个团队的活跃度有很大的影响。在没有达成共识的情况下，即使行动，也得不到大家对成果的认同，同时也体会不到成就感。能否得到大家对基本框架的认同是问题的关键。

下面我来整体总结一下团队建设，人们对于自己参与的决定更能接受和理解。接受进而产生决心，决心又产生行动。如果仅仅是单方面的被强加的就不会得到认同，而共同参加的形式则更能够得到团队成员的认同。

因此，最佳的团队建设方案就是团队成员共同决定目标和行动计划。例如在工程或安定组织中，大家行动的前景应由大家共同来决定。针对这一点应该做的活动在第3章中将详细介绍，同时这也是团队建设的锻炼方法之一，请大家在进行团队建设的时候灵活运用。

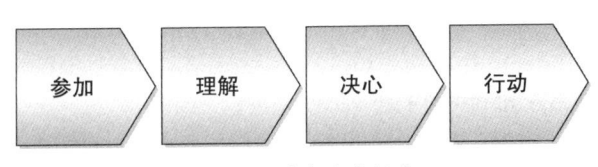

参加 ▶ 理解 ▶ 决心 ▶ 行动

图 2-3　参与产生行动

✢ 行动之后再思考

对于以上话题，可能会有"目标不是大家共同决定的"，"一旦开始了关于行动计划的讨论就很难统一意见"等这样那样的反对意见。确实如此，但是相比把没有得到认同和理解的目标强加于人来说，即使是难以统一意见，尝试大家共同商议的做法也是有很大的价值的。

但是，一直继续没有结果的讨论也是在浪费时间，请大家记住，当大家意见不统一时，"假如说"，"暂且"等试试看的行为也是开始的手段之一。在行动之前，关于目标和行动计划的讨论只是停留在观念中，如果开始行动，那么讨论的内容会逐渐清晰，比较容易进行对具体内容的讨论。

再加上，通过共同合作，能够建立彼此之间的合作意识和关系性，意见也会更加容易达成一致。在行动的过程中，大家会逐渐意识到"我们只有目标一致才能行动一致"。在很多情况下，当以团队的形式和统一的手段共同完成一项活动时，目的也会逐渐地明确和清晰。

有时首先建立团队成员间的关系性，再进行团队建设，相比拥有共同的目标后再行动效果更加明显，这样的例子也不在少数。"行动之后思考"不见得是坏事，每个成员拥有对团队的归属感（团队意识），意识到自己是新团队的一员之后，再共同商议目的和目标，有时也是解决问题的捷径。

因此，在行动的过程中，重新确认一下团队的整体框架是非常关键的。如果只是在行动之前由领导说明目的，团队成员反而不能深刻领会，也不能理解行动的意义。因此，在行动到一定阶段后，提出"大家重新讨论一下以这个为目标是否合适"的建议，这样做会产生更加明显的效果。

✢ 团队框架使大家都能看得见

另一个秘诀就是团队的框架应该是大家都能清晰看见的。

我们不能看到每个成员脑海中的框架，所以很有可能在不知不觉中产生很大的分歧，并在没有预兆的情况下出现问题。看不见的东西是无法控制的。

为了避免这种情况的发生，把活动的计划、规则写在白板或者纸上，张贴在全体成员都能看得见的地方。写下来并公布给各个成员也是可以的，但最有效果的方法还是张贴在团队成员共同活动的空间内。

另外，在会议或研讨会进行中，会议推进者还应该经常通过揭示板来唤起大家的共同意识。这样一个小小的方法，就能够有效地避免大家的分歧。

图2-4 张贴行动计划和规则

2　更有效地召集团队成员

✥召集成员的三个目的

召集成员时，如果不讲究方法而鲁莽行事，那么召集起来的成员只会是乌合之众，不能发挥团队的力量。在考虑如何召集团队成员之前，我们首先要明确一下召集团队成员的目的。我认为可以分为以下三点。

(1) 从多样的视点来思考

个人的能力和见解是有限的，一个人不可能处理所有的事情。要想超越个人能力的限制，就需要借助他人(同伴)的力量。通过从不同的人那里获得不同的信息和解决方案，来丰富结论和成果。这样，从不同的角度进行详细的讨论，就能进一步提高决策的质量。

（2）共同感受过程达成共识

通过与同伴共同活动，可以使大家充分地理解和接受活动的目的和内容。另外，通过利用共同的时间和空间，为大家提供"同食一锅饭"的经历，促使当事人意识和伙伴意识的产生，使之对结论的共鸣感和信赖感得到飞跃性的提高。这也与实际行动时的干劲相关联。

（3）分担工作

当需要讨论的内容庞大时，准备活动和总结工作也成为了沉重的负担，甚至会出现不知所措的情况。此时，几个人进行分工，可以完成几倍的工作，同时精神方面也感觉更加轻松。这个道理同样可以应用于讨论中，讨论时并不需要每个人都掌握全部的知识，通过在知识领域上的分工，可以减轻每个人的负担。

下面，在了解了目的的基础上，介绍一下有效集合团队成员的三个要点：人的数量、人的质量、汇集人的过程。换句话来说就是"多少人 How Many"，"什么人 Who"，"怎么做 How"。在召集团队成员时，应该以这样的顺序来进行思考。

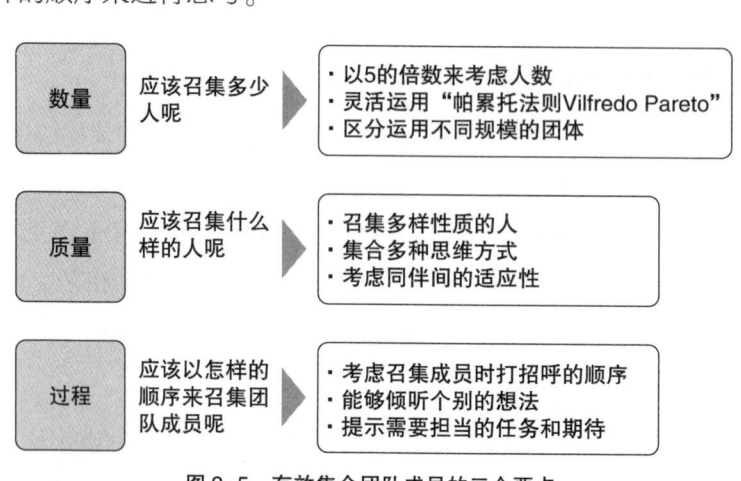

要点	问题	说明
数量	应该召集多少人呢	·以5的倍数来考虑人数 ·灵活运用"帕累托法则Vilfredo Pareto" ·区分运用不同规模的团体
质量	应该召集什么样的人呢	·召集多样性质的人 ·集合多种思维方式 ·考虑同伴间的适应性
过程	应该以怎样的顺序来召集团队成员呢	·考虑召集成员时打招呼的顺序 ·能够倾听个别的想法 ·提示需要担当的任务和期待

图 2-5 有效集合团队成员的三个要点

❖考虑人的数量：应该召集多少人呢

（1）以5的倍数来考虑团队的人数

在建立团队的过程中，首先碰到的问题就是"应该召集多少人"。

分析一下公司或军队的组织就会明白，团队一般都是5人、20人、100人、500人……这样5的倍数。这与之后将要述及的意见确定的问题和一个人能够领导的人数问题都密切相关。

如果是以学习为主体的团队，即使有100人左右的成员，相互之间也只能在互相看得见的范围内发挥作用。然而，要想扩大团队的规模也是非常困难的，并且，在解决问题和统一意见这些点上，100人的团队是无法完成的。此时，就应该采取分摊工作责任，划分领域或领导会议等措施，设立阶层(组织)构造来进行管理。

总之，团队成员的数量相对于不同类型的团队会有很大的不同。即使是相同的主题，由于讨论的进展状况和发散集中的程度不同也会有很大的不同。因此根据主题或进展状况的不同来区分运用是十分必要的。

（2）确定意见时需要较少人数

确定意见时最适宜的人数为4~5人。如果人数较少就会影响意见的多样性，容易使最终决定出现偏差。相反，如果多于这个数目则难以统一意见，还会出现偷懒(偷工减料)的情况。实际上，多于5人的情况下，即使想要做决定也很难达成共识，结局往往是几个人私底下磋商决定。

在做决定时，10人为最多界限。人数较少时，每个人发言的机会增多，有利于提高参与意识。同时还可以减轻调整计划等事务上的负担。因此，不要胡乱增加人数，尽量减少参加者的人数，明确每个人的责任感，进行有质量的讨论是很重要的。

大家都知道帕雷特法则吧。应用到团队上就是"20%的人在做80%的工作"，"20%的发言占会议发言总量的80%"。少数人决定整个团队的结论，这从效率层面上来讲也是合乎道理的。

（3）需要更多人卷入话题时采取较多人数

那么，少数人是不是适合所有情况呢，其实并不是这样的。例如，姑且不考虑质量，想最大限度追求意见多样性，或者想要找出对话题不感兴趣的人唤起他的兴趣的时候，都需要较多的人来参加。为了不被说"有人太随便了"，"有人没有注意听"，需要通过多数人参加的方法，把参加人员带入讨论的过程，并且使大家都了解会议内容。很多场合下是需要这样的效果的。

这种情况下，可以在房间大小允许的基础上尽量集合更多的人。具体来说，参加者的比例至少应该占团队全体构成人员的三成。这样，在增加意见多样性的同时，通过大范围的参与，使讨论结果更容易被接受。而且，在实际实行阶段，也能够减少阻力，更易于分摊工作。

（4）区分运作不同规模的团队

谈到人数的问题，有一点需要大家记住。对于团队而言，并不总是需要全部成员共同行动。为了使每个成员充分参与到团队活动中，需要把一个整体的团队，分成不同规模的团队来区分运作。由此，创造出彼此倾听、感受、分享的时间和空间，从而展开各种各样不同的场面。在此，我们把场面集中在会议或研讨会上进一步说明。

1）1个人

1个人是活动的最小单位。例如，1个人的模式适用于整理自己对课题的思考，面对中途涌现的感受或阻碍进行深刻的自我反省的场合。但是，一个人无法判断好坏以及自己处于怎样的水平。同时1个人还存在过度自信、自负、自以为是的危险。

2）2个人

2个人可以彼此交换意见，进行互相反馈。通过充分地诉说，互相倾听，可以以对方为镜子映照自己。相比于1个人思考，2个人能够察觉到更深一层的事物。此时，与不同的人组合效果也会不同，请记住2个人是团队规模的起点。

3) 3~6人

3~6人的规模相比2个人来说，彼此的相互作用以及相辅相成的效果都开始显现。在保持随意、无拘束的状态的同时，能够从不同的层面交换意见，创造出多种多样的创意和认识。在进行面对面的讨论时，对于决定意见3~6人也是最适合的规模。

另外，3~6人也能够使团队成员得到恰到好处的任务，不会出现空闲，也不会出现偷工减料的人。因此这是讨论时最适合的规模。

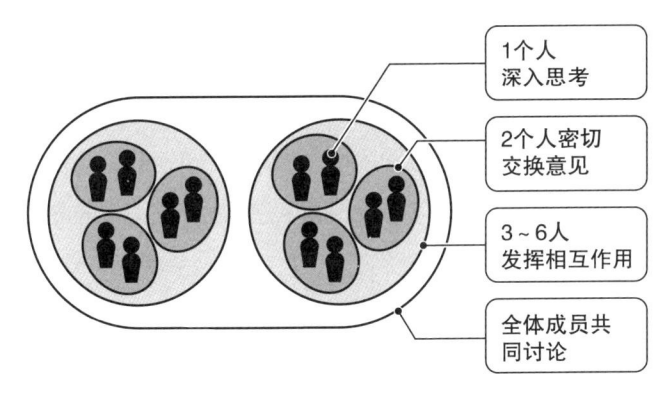

图 2-6　区分运作不同规模的团体

4) 全体成员

要想能够让大家阐述多种多样的意见，并且进一步发散、反省，还是应该选择全员参加。这样，意见的范围会更广，同时，通过共同的合作体验，对培养同伴意识也有很大帮助。如果拥有适应大工作量的、熟练的人力资源，有利于形成更加有活力的团队活动。另外，全员参加，可以更加有效地掌控不同人员思维的平衡。举例来说，如果全员进行投票或问卷调查，就会清楚所有参加者的倾向和想法的分布情况，同时还可以观测整个团队。

关键是要将以上的知识随机应变的应用于不同规模的团队。例如，可以选择以下方式，最初1个人思考，然后2个人一组互相发表自己的观点，进一步组成几个人的小组来统一整合意见。以这个顺序互相发表观点之后，再重新返回到1个人的活动。

像这样，通过分阶段的不同规模的团队，可以有更深刻的发现和更进一步的认识。这与下一节"3 打造客观环境"中关于环境（空间）的论述部分相结合的话，效果将更加明显。

（5）分组的两个方法

要灵活运作不同规模的团队，就要首先把团队分开。分组看起来很容易，但其实是比较难的事情。

大家是否有过这样的经历呢？好不容易事先考虑好了一套完美的分组计划，却因为突然有人缺席而造成数量对不上。不论怎么分组，总会出现有活力的团队和没有活力的团队。如果在如何分组上大费功夫，不但浪费很多的时间和人力，有时反而会使参加者觉得这样的分组方式是有目的的，从而产生不信任的感觉。

关于分组方式，并不存在完美无缺的方案。虽然事先的计划是很重要的，但也不能一味地执着于策略。另外，如果不注意避免因分组而产生不满，就会对之后团队行动的进行产生很大的阻碍。

在分组时，应该在充分考虑人员平衡的基础上，尽量避免引起大家的不信任感或不满的情绪，应尽量使用带有偶然性的方法或参加者自发决定的方式。这样，才会提高大家对分组方式的认同感。

1）适合随机分组的场合

随机分组适用于参加者关系平等不存在特殊利害关系的场合，以及没有危险议题大家自由发表意见互相商议的场合。此时，分组可选择通过寻找简单的共同点（号码相同等）的机械分组方式，或者与抽签相类似的偶然性很高的分组方式，以此来促使大家更加积极地参与进来。

2）适合有目的性的分组的场合

有目的性的分组适用于参加者的目的和论点都非常清晰，要平衡讨论的角度和方向，在一定程度上追求成果平均的场合。此时，可以根据参加者对于所关心话题的不同而进行自发分组，或者根据参加者的特性分开之后，采取均一性与偶然性相结合的分组方式。

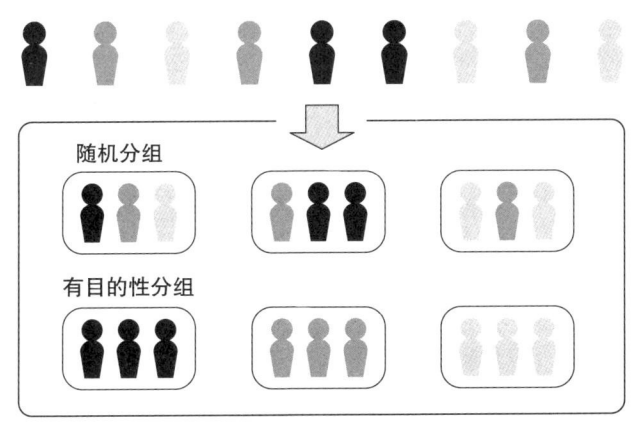

图 2-7　两种分组方法

❖ **考虑人的质量：应该召集什么样的人**

（1）团队的同质性与异质性

如果你可以任意选择团队成员，你会选择什么样的人呢？是不是会在无意识的状态下，选择关系好的人，认识的人，喜欢自己的人，或能够理解自己的人呢？但是，这样的团队能否真正发挥团队的力量呢？

同质性团队由拥有相同想法的人集合在一起组成同质性高的团队。无论是行动的开始还是决策的商定都很迅速，适合短期集中型的活动。但是，这样的团队容易表现为意见倾向性有偏差，创造新事物的能力也不强。而且，虽然在短时间内可以充满热情，却欠缺持续性，存在很快就厌倦而放弃的危险。

相反，异质性团队是由不同想法的人集合起来，是差异性很高的团队。仅在团队建立上就需要花费很多的时间，要达成意见的统一更是需要下很大的功夫。因为要达成统一的意见会花费很多的时间和精力，所以如果怠慢行事，很容易出现自然灭亡的危险。但是，异质性团队可以从多个角度分析问题，拥有创造新方案，打破僵局，实现突破性进展的能力。

（2）有效平衡两者的关系

总之，双方都存在各自的长处和短处，如何能够很好地取得两者的平衡才是问题的关键。换句话说，就是在选择成员时确保团队内同质性与异质性的共存是很重要的。

例如，在保持以同质性为基础的同时，选择加入对主题精通的专家，或者故意选择一些持相反意见的人，这样异质性的好处就会更加明显。正如前面论述的，无遗漏地召集具有利害关系的人也是提高异质性不可欠缺的方法。

在社会上要达成某种意见的时候，这样的方法也是经常被使用的。例如，在讨论新的公共设施利弊的时候，经常会采取以下三种类型：平衡性(听取各阶层市民意见的市民研讨会)，调整意向型(由赞成、反对等利害关系人与第三方参加者组成)，促进交流型(包括众多参加者和了解者)。无论哪种类型，可以说都是充分考虑了团队建设的同质性和异质性。

（3）集中多样属性的人

在考虑团队的同质性和异质性的时候，首先必须明确每个成员的特征。这就需要从团队成员的性别、年龄、职业、职务、出身、经历、活动领域等属性中查询线索。

如果在相似属性、相同思维倾向的人之间，加入一些不同属性的人，就可以提高团队的异质性。具体来说，就是要考虑男女比例、年龄层比例、部门比例等因素。

（4）区分人的思考方式的方法

在考虑人的性质的基础上，其次尤为重要的就是思考方式。理性思考的人与感性思考的人所得出的意见是截然不同的，平衡搭配两者才能使团队更具活力。

想要了解每个人的思考方式有几种方法。下面给大家列举四个最常

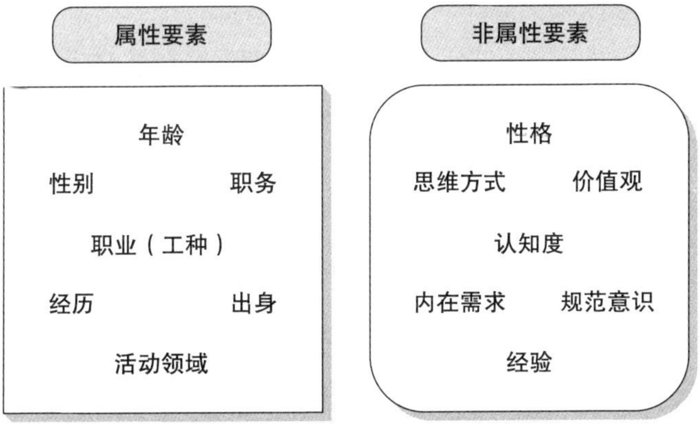

```
        属性要素                非属性要素

    ┌─────────────────┐    ┌─────────────────┐
    │      年龄        │    │      性格        │
    │  性别    职务    │    │ 思维方式  价值观  │
    │   职业（工种）   │    │     认知度       │
    │  经历    出身    │    │ 内在需求  规范意识 │
    │    活动领域      │    │      经验        │
    └─────────────────┘    └─────────────────┘
```

图 2-8　确保多样性的要素

用的例子。虽然不能说一定都准确，但至少是检验个人倾向性的有效方法。如果感兴趣，可以尝试着学习一下。

1）交流分析（TA）Transactional Analysis

交流分析(TA)就是通过交流分析人与人彼此之间在交流中的反应，把人的内心分为五种类型。

2）九型人格 Enneagram

Enneagram 又名性格形态学，九种性格。这种方法把人在完成工作或某种职责时的倾向和行为分为九种。

3）赫尔曼模型 Herman Model

主要以对人脑的研究为基础，把人分为四种类型。

4）辅导 Coaching

辅导或指导，是以人的潜在感情的表达方式为基础，把人分为四种类型。

（5）要有自己特有的判断依据

关于人的性格差别，先天因素很重要，后天背景的不同也有很大的影响。最具代表性的就是个人经历。为了了解某个人，知道这个人不同的经历和成长的过程是很重要的。

有时人的社会地位也是背景之一。例如是否是权力拥有者，是否处于管理或指导的立场，是否是专家等。社会地位不同，思考方式自然就会存在着差异。人在成年之后，相比个人经历，在社会上所扮演的角色对个人言行的支配作用要更加强烈。

复杂的背景要素决定了一个人的性格，如果只说"因为那个人……所以他就……"是行不通的。要判断一个人，只能通过平时对这个人的观察，获得包含背景在内的大量的信息，除此之外没有更好的方法。但是，如果仅仅依靠这个方法判断是很辛苦的，建议大家建立自己的判断依据。在自己心中树立各种各样的判断模型，然后可以说"这个人和小A是一个类型的"。

实际上平时与各种各样不同类型的人接触，也会产生不同的言语和行动。为了尽量在见到对方的瞬间判断出这个人的性格，就需要在平时的生活中多与不同领域或不同类型的人交流，在心中树立各种各样不同的判断依据模型会对自己有很大的帮助。

● 交流分析（TA）Transactional Analysis

| 父母般批判的心理（CP） |
| 父母般慈爱的心理（NP） |
| 理性的成熟心理（A） |
| 天真的孩子心理（FC） |
| 适应性强的孩子心理（AC） |

● 九型人格 Enneagram

改革型	忠诚型
助人型	活跃型
成就型	领袖型
感觉型	和平型
思考型	

● 赫尔曼模型 Herman Model

| 经验型
直观型
整体型 | 理性型
逻辑型
分析型 |
| 计划型
组织型
规律型 | 交流型
感性型
精神型 |

● 辅导 Coaching

	不擅于 表达情感	擅于 表达情感
自我主张 强烈	控制 Control	促进 Promotor
自我主张 较弱	分析 Analyser	协助 Supporter

图 2-9　成员性格类型的区分

(6) 考虑同伴间的融洽度

　　团队的力量并不仅仅是由每个成员的类型决定的。当同伴之间的融洽度和搭配组合发生变化时，气氛和行动也会随之改变。不仅是这样，人的周围环境发生变化时，所发挥出的个性与演绎的职能也会改变。在前面讲述区分人的类型的方法时，也说明了当同伴之间融洽度和搭配组合出现问题时的处理方法。

　　其中最麻烦的事情就是个人喜好。经常听到有人抱怨"暂且不说内容，就是讨厌这样的说话方式"，"一听那个人说话就没有干劲"等。这样的事情不可轻视，一旦开始了个人感觉方面的议论就会一发不可收拾。

　　像这样，我们要在知道"那个人与那个人关系不好"这种内幕消息的基础上，了解人与人之间的融洽程度，然后再选择团队成员。即使是这样，也会出现成员不合的问题，此时就需要考虑人员替换的问题。

　　在分配工作时也是同样的道理。首先，要根据工作与个人类型（个性）的配合度来分配工作，其次也要考虑相对理性化的人与情绪化的人之间的融洽度。进一步来说，我们有必要考虑职位的确定和平衡，避免产生"为什么是他却不是我"这样的情绪化论调，避免不必要的摩擦。

(7) 牢记"2-6-2法则"

　　如果10个人聚集在一起，其中两个人优秀，6个人普通，其他两个人稍差，这种分布情况就叫作"2-6-2法则"。这不仅适用于个人，也适用于团队。如果组成10个团队，也会产生相同的分布情况。

　　不可思议的是，如果去掉优秀的两个人，普通的那6个人中就会出现活跃的人，相反如果去掉稍差的两个人，那么普通的6个人中就会有人开始变得散漫。因此，无论如何优秀的团队都会既存在精英也存在拖后腿的人。就像是棒球队一样，即使全部都是第4垒的击打手，也不是每个人都能打出本垒打。人的能力和性格是随周围的关系性改变而改变的。

把这个理论应用到实际中，如果把沉默寡言的人组成一个团队，其中一定会开始出现爱说话的人。如果把爱说话的人组成一个团队，也会出现想说但是不能说的人。

也就是说，无论是什么样的团队，多多少少都会出现与期待有所偏差的地方。理解了这一点，即使面对不太理想的局面，也会明白"本来就应该是这样的吧"，从而减少自己的压力。

Column-2　四种类型的"Jinzai"（日文中相同读音的四个词语）

对于团队来说，"Jinzai"是非常重要的。虽然读音相同，实际上可以分为四种类型。

人财：他人不可替换，对于团队来说珍宝一般存在的人。

人才：能够完全胜任工作和职责，是团队中非常难得的人。

人在：想要鞠躬感谢他的存在，存在感很强的人。

人罪：想要对他说"因为有你，才给团队带来困扰"的人。

虽然都不喜欢"人罪"，但是可以说，这样的人理应存在于每个团队中。虽然程度不同，但也可以说，这是团队多样性的一种，也是一个需要坦然接受的事实。

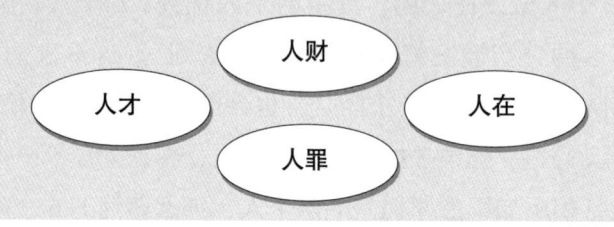

✥ 召集团队成员的过程

(1) 发出邀请的方式决定干劲

召集成员的方式不同，团队成员的干劲也会不同。如果认真做到以下几点，团队的干劲就会明显提升。

1) 思考发出邀请的顺序

在日本有句话是"事前疏通"。在团队建设的过程中，也有很多时候是需要事前疏通的。为了不丢失好不容易选择出的成员，就不要弄错发出邀请的顺序。应该优先考虑的是决策者、关键利害关系者和实际责任者。所谓的事前疏通，就是不要让那个人感觉受冷落。即使不亲自参加，只要能够得到相关的消息，情况也会大不相同。想一下有没有其他可能感觉受到了冷落的人，如果想到了，请发出邀请。

2) 听取个别的想法

发出邀请时，话题的切入方式非常重要。不能只是单方面表达自己的想法，同时也要认真听取对方的想法、愿望和见解。通过听取对方的想法来建立团队同伴间的关系。

在交流的过程中可能会发现自己没有觉察到的盲点，或者发现安排上需要变更的事项。也就是说，在听取个别想法的过程中获得的信息，可以成为描绘团队未来活动的重要依据。

3) 提示需要担当的任务和期待

如果让自己站在被邀请人的立场上去想就会明白，即使了解了团队活动的目的和内容，不知道自己应该做什么的话，也不会产生自己是实际参与者的意识。为了不使对方感觉像是在听别人的事情，应该尽量告知其在团队中担当的角色和与其他队员的关系性。一旦任务(在团队中的目标)确定下来，成员就会自然而然地思考具体的行动，这样做还可以诱发成员的主观能动性。

（2）使团队成员持续保持充足的干劲

团队经过长时间的准备后，很有可能变得疲乏或因循守旧，千篇一律。因此不仅在团队建立初期要干劲十足，之后也应该使团队成员保持充足的干劲。关于这个问题，将在第 5 章中详细叙述，在这里先介绍几个使团队成员保持充足干劲的秘诀。

1）调动自发性

自发性分为四种："做喜欢做的事情"，"不做不喜欢的事情"，"即使不被命令也去做"，"即使被命令也不做"。无论是哪种情况，自发性都来自于领导者或团队成员自身。

领导者站在前面发挥自发性是最重要的。同时，当有人自发行动时，请不要忘记说"谢谢"，"干得好"等感谢赞赏的语言。团队的干劲不能只依靠领导者，同时也是由团队成员共同支撑起来的。

2）设立小目标互相鼓励

当目标很远大时，有时会因为目标过于远大而变得不知所措。一旦迷失目标，团队就存在中途解散的危险。此时，应该设立小目标，一点一点地逐渐实现。

为了不使团队成员掉队，互相之间相互鼓励是非常重要的。每个人都会因为团队中有"关心自己的人"的存在而鼓起面对困难的力量和勇气。

3）营造愉快开放的氛围

要想发挥团队力量就需要为团队创造一个愉快的空间。首先就是微笑。甜美的微笑可以使气氛更加愉快。笑脸和微笑是最有效的兴奋剂。另外，一边吃着点心饮料一边讨论的轻松气氛也很重要。

偶尔大家一起喝酒，创造发泄压力的场合也是很重要的。对于团队来说，良好的团队关系与香甜的美酒是任何东西都无法替代的财产。直言不讳地说，调侃和通俗的东西是每个人都需要的。

3 打造客观环境

❖ 设计团队活动的环境

团队活动时需要一个共同工作的客观场所。这个场所，必须按照团队最需要的状态来设计。这就叫作活动环境（空间）的设计。

人的心理会受到客观环境的影响。热了会让人烦躁，狭窄会让人有压迫感。团队需要创造让人感觉舒适，能够提高工作和学习效率，调动团队力量的空间和环境。这里，主要介绍一下如何设计会议或研讨会的环境。

❖ 空间设计从选择房间开始

(1) *房间的大小和形状*

在设计空间时，首先要确保空间能够满足人数和目的的要求。如果空间太大，会使活动的能量中断，难以集中，没有统一感。反之，如果空间太小，会给心理造成压力，也不能成为有活力的场所。

当空间过大时，可以用白板或其他隔离物把空间分开，或者把不使用的桌椅堆积起来截断过大的空间。如果空间过于狭窄，就减少桌子，把窗户开大，以增添空间的开放感。房间的形状，也可以从正方形到狭长的形状变换出各种适应团队活动的最佳空间。

(2) *房间的氛围*

其次，需要注意的就是由顶棚高度，是否有窗户，墙壁的颜色（材质）等组成的房间氛围。顶棚的高度和墙的颜色是很难调整的，所以在选择房间的时候要特别留意。

有窗户（或者百叶窗打开）的空间，虽然可以感觉到开放的气氛，但是也比较容易流失能量。反之，没有窗户（或者百叶窗关闭）的空间，虽然比较容易集中能量，但是长时间处在那样的空间内会感觉疲劳。房间的明亮度，应该是在谈个人问题时较暗，在谈积极的话题时较明亮，不同的调节方式对改变房间的氛围能起到不同的作用。

表 2-1　仔细检查房间的确认单

房间			物品·备品		
大小	是否过大或过小？	☐	桌子	是否可以移动或折叠？	☐
	活动空间是否充足？	☐		数量是否充足？	☐
形状	是否极端细长？	☐	椅子	是否可以移动或折叠？	☐
	有没有突出的浪费空间的部分？	☐		数量是否充足？	☐
顶棚	是否过高或过低？	☐	照明	在哪里调节？	☐
	是否有回声？	☐		能调节的程度是多少？	☐
温度	是否太热或太冷？	☐	空调	在哪里调节？	☐
	温度是否有偏差？	☐		能调节的程度是多少？	☐
明亮度	是否过亮或过暗？	☐	间隔	是否可以做隔墙？	☐
	明亮度是否有偏差？	☐		能否做可移动隔墙？	☐
窗户	是否有窗户？可以打开吗？	☐	记录	是否能使用白板？	☐
	是否可以使用百叶窗？	☐		有没有电脑电源？	☐
墙壁	墙壁的颜色（材质）是否合适？	☐	AV	能否使用话筒？	☐
	是否可以贴模造纸？	☐		能否使用演讲会的机器？	☐

（3）物品或备品

最后重要的是桌子、椅子等备品之间的关系。要考虑备品之间的安排，必须要对具体活动有一定程度的认识。

例如，桌子的大小、数量、备品的有无等由桌子的用途来决定。如果需要进行大家集体参加的有活力的项目，就需要确保活动的空间，从而需要确保桌椅是可移动式的。

❖ 用自己的眼睛检查现场

要检查现场是否合乎标准，最理想的方法就是尽量亲临现场来检查。这样不仅能够避免疏漏，同时还能亲身体验一下现场的氛围。

但是，如果因为没有时间、距离太远等理由无法事先确认会场，最好能够事先确认一下会场的设置资料或会场图，也可以观看一下拍摄的会场录像。

如果拜托别人拍摄会场，为了尽量明白会场的整体状况，应该从正面、后面、两侧的墙壁、窗户的样式、以及桌椅等基本配置开始录制，尽量录下所有备品。这样才能大概掌握会场气氛，在心中粗略判断哪里可以改变哪里不能改变。

房间的大小、顶棚的高度、房间的形状、有无窗户等都是无法改变的因素，如果房间无论怎么安排都无法与会议的要求相一致，就有必要考虑更换房间。或者，根据房间来适当地变更活动的内容。

❖ 布局的三个要点

确定了环境的客观条件后，就要开始考虑如何根据不同的目的和项目来进行空间安排（布局）。在进行详细叙述之前，首先说明一下思考的三个要点。

（1）距离

第一，物理距离与心理距离是相互关联的。布局时应该最先考虑的就是会议成员之间、会议推进者与会议成员之间的距离。如果，在活动期间需要参会人员移动就需要尽量确保充足的空间，基本原则是尽量缩小参加者之间的距离感。

例如，当在狭长的会场举行多人会议时，前后距离就会很远，甚至连最后面的人的脸都看不清楚，这样，一体感和参与者之间的相互作用就无法产生。如果变成横向的布局，就可以瞬间缩短距离感。

（2）视线的方向

第二，我们来思考一下主持者站立的位置与会议参加者所坐位置之

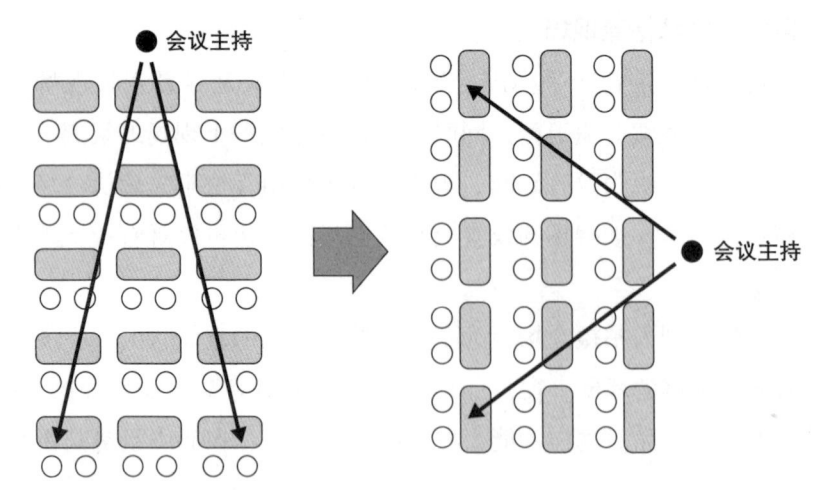

图 2-10 由竖变横的效果

间的视野交流问题。

①主持者是否能够看到全体。

②视野中是否存在障碍。

③声音是否畅通。

④从参加者的角度观看白板是否存在难以看见的死角。

⑤彼此是否能够交流视线。

在实际状况中，都是一边想象着会场的状态，一边在屋里徘徊，抓住会场的特征，并且根据需要来思考如何改变桌椅以及其他备品的位置。

(3) 眼神接触（Eye Contract）

第三个要点就是主持者与参与者是否有眼神接触的空间。如果会场设置后看不到彼此的脸，那么也就无法产生相辅相成的效果。请大家一定要注意不仅是语言，同时要创造出非语言交流的"面对面 Face to Face"的空间。

❖三种空间布局的含义

最后，我们来思考一下桌椅的具体摆放。如果知道了以下三种布局的含义就会使思维的过程更加轻松。

(1) 理性的空间

正面相对的空间布局。这样的布局可以使同伴之间面对面很好地传达自己的意思，对于理性的交流有促进效果。但是，容易使气氛变得僵硬，增加紧张感，有时还存在互相对立的危险。适合签订合约、私下面谈、向上司汇报、劳资交涉、党首讨论以及母子教育等场合。

(2) 感性的空间

横向座位布局的空间。能够在保持平等的同时，增加双方友好的气氛。虽然在正侧面看不到对方的脸，但只要双方稍稍倾斜，就会有效地提高彼此的亲和感。这样的姿态，可以使我们联想到很多画面，路边摊或小酒馆的椅子，公园长椅上的恋人说话的姿态等。这种横向布局的延续就是"圆形"，我们将在之后详细谈到。

(3) 恐怖的空间

相同方向排列的布局方式。彼此之间只能看到前面的后背，同时又被别人从后面看着。看的一方总是在监视对方的动向，被看的人又始终保持着紧张的情绪。这在职场中是最具有代表性的布局方式，经常在管理或监督等场面使用。我想大家如果想象一下被人从背后看着的感觉，就比较容易体会这种布局的感受了。

❖ **商谈最理想的形状是"圆形"**

更好的表示会议状态的语言有"圆桌会议 Round Table"，"围坐在一起"等。这不仅是从感觉上描述会议的状态，也表达了圆形是会议布局的基本，是使同伴之间的心情更加平和，令会议达到更好效果的秘诀。

首先，圆形不表示上下级关系。所有的座席不存在顺序，所有成员都可以平等发言。其次，这样的布局不仅是相邻的同伴之间可以亲密交流，每个人都能与大家进行眼神交流，这样可以有效活跃发言的气氛。最后，圆形布局很容易把大家的能量集中在中心，促使达成某种共识，形成团队一体的感觉。

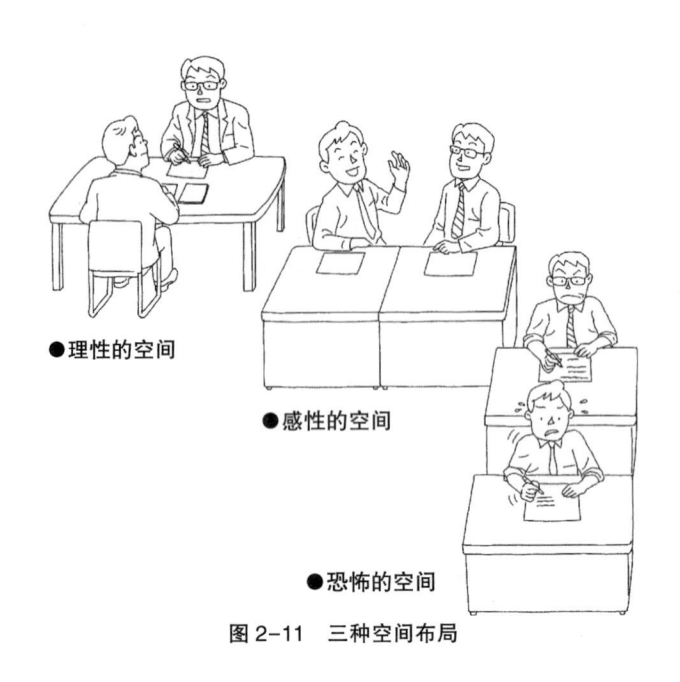

- 理性的空间
- 感性的空间
- 恐怖的空间

图 2-11 三种空间布局

像上面讲述的那样，"圆形"存在很多神秘的力量。实际上，世界最高决策场所联合国安全理事会的会场布局也是圆形的，所以圆形布局自有其存在的理由。

Column-3 圆形的作用

有这样一种说法，东京之所以能够繁荣，是因为存在着一个包围东京的圆形，也就是指山手线。沿线的各个领域不存在上下级关系，而是在不同的个性领域上得到均衡发展，也就促进了中心区域的繁荣。

另外，在江户时代的百姓起义书上，中间写上誓言，以这个誓言为中心，大家呈放射状椭圆形署名，以此来作为活动的结束。这被称为"伞状决心书"。看不出谁是首要人物，表示所有署名者平等、团结一致的关系。大家不仅可以把圆形的这种神秘力量应用于商谈中，也可以尝试着应用到其他各个场合。

❖ **熟练掌握多样的布局方式**

下面，我们使用桌椅来实际尝试一下怎样灵活运用不同的布局方式。

(1) 教室（学校）型

这种类型被称为学校形式。经常在演讲、讲义、说明会、演说、考试中使用。这种类型是大家入学以来，最熟悉的空间布局，不会感觉到任何的不协调。

但是，彼此看不到对方的脸，并且大家心理上还残留着浓重的教与被教关系的思维定式，很容易变为被动的一方。另外，这种典型的理性空间，会给大家带来多余的紧张感，还经常会出现僵持的气氛。有时，甚至存在相互滋生对立感的危险。有的会场座席是固定的，移动困难也是一个难点。

要缓和这种教室般僵持的气氛，可以把桌子摆成"扇形"，或者中途变为"巴士型"。

(2) U 字形

U 字形是会议、研修经常使用的布局方式。如果四边都围住就是"口字形"，此时，我们打开一边，用于放置白板。与教室型相比，U 字形能够使参与者彼此看见，主持会议的人也比较容易进入内部。这样就缩短了与参与者之间的距离，使彼此之间的交流更加顺畅。

但是，这种布局也存在着一个难点。如果人数少可以紧凑地收容进来，一旦人数增多，就需要更大的空间。这样，正面的人和侧面两端的人之间就会距离很远，难以交流。出现开会时有人无法发言的局面，大大地减退了大家的参与热情。

为了避免这种情况的发生，建议尝试一下"岛形"。或者至少可以把"U 字形"分为两层，这样也可以让重要人物之间的交流更加密切。

(3) 岛形（Island）

把 2~3 个桌子靠近组成小岛的形状，这是在研讨会和研修中经常

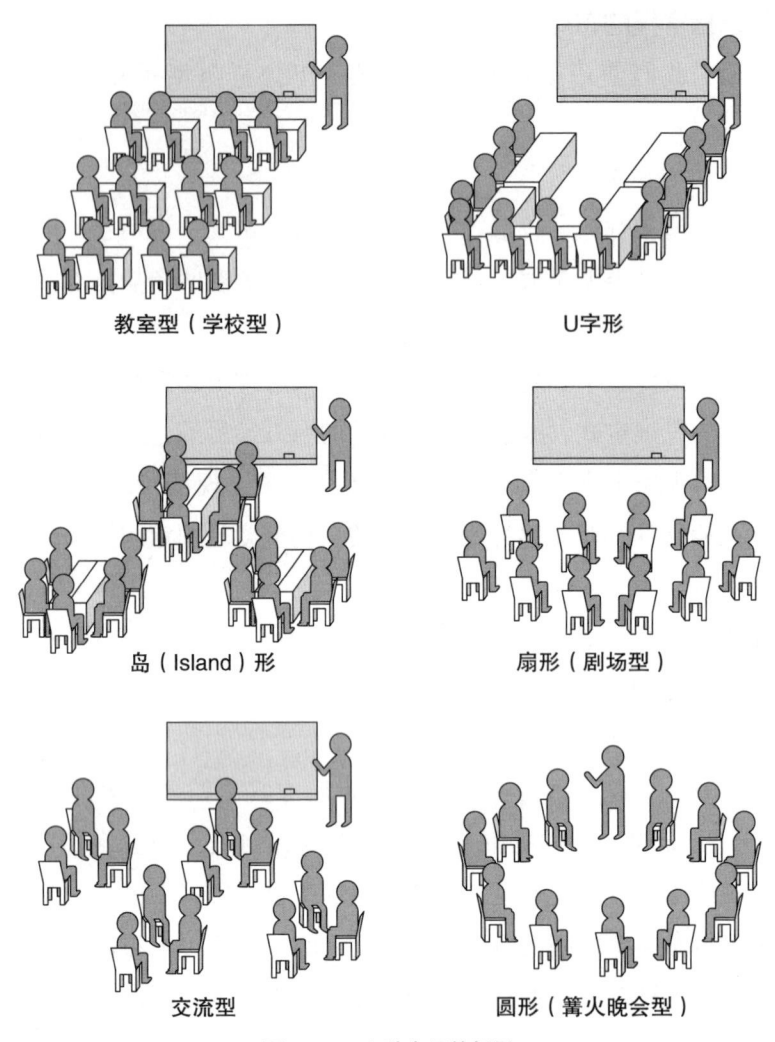

图 2-12　六种布局的例子

使用的分组布局。参会成员能够互相面对面地交流意见，做出决策，是少数人进行协同工作最适合的布局方式。

　　岛形布局相比教室型布局而言，需要更大的空间，收容人数也是有限制的。同时，很有可能出现不能正面交流的死角，这一点在布局的时候应该特别注意。岛形布局的准备和之后的清扫都比较累，请详细地计划每一个过程的安排。

（4）扇形（剧场型）

从这里开始是不使用桌子，只用椅子的布局。把教室型中的桌子去掉的布局方式就是扇形（剧场型）。形状类似正面的一个扇子，两边展开。如果追求参与者之间的统一感，可以延长正面横向宽度，使空间更加狭长。这种布局多应用于研讨会开幕式或全局回顾。

扇形最大的特征就是可以很大程度地增加收容人数。另外，因为没有桌子，参与者相比记录来说，会更加专注于主持者的行为，更容易集中大家对于发布内容的关注。扇形布局中，会议主持人能够更好地控制整个会议。再加上前后左右的人都可以适当交流，适用于临时展开方案或项目的讨论。

（5）交流型

所谓的交流型是把参与者吵吵闹闹的说话声音比喻成了蜜蜂飞行时扇动翅膀的声音，所以称为交流型。把椅子聚集到一起，组成小的圆形，比扇状更加分散，是比较轻松的布局方式。最适合在会议中加入短时间的讨论或发表时使用。

巴士型布局移动起来比较容易，也可以轻松地更替各组的搭配，这是最适合多数参加者深刻交流、交换意见的布局方式。但是，如果在宽敞的会场采取这种布局，恐怕会造成参加者过于分散而无法听到主持者的指示，这一点需要注意。

（6）圆形（篝火晚会型）

圆形是比较具有代表性的。布局方式就像篝火晚会那样把椅子摆成圆形。这种布局方式的特征是参加者比较容易进行视线交流，也更加容易集中大家对议题的意识。另外，圆形布局可以很快打破僵局，不会降低参加者的热情，易于形成一体感。同时，主持者站在圆中间，还可以与各个参加者保持同等的距离，这也是圆形布局的优势之一。

但是，圆形如果过大，也会阻碍彼此交流，可以考虑组成同心圆等措施。另外有一点与扇状和交流型是共同的，可以考虑果断地撤掉椅子，直接坐到地板上的方法。

❖ 搭配各种布局方式

当能够熟练运用以上布局方式后，可以尝试组合使用各种布局。

表2-2 六种布局方式的效果和缺点

种类	应用场面	效果	缺点	改善方法和注意事项
①教室型（桌椅）	授课、讲义、演讲、说明会、考试等	·给予紧张感	·看不见彼此的脸 ·容易变为被动方 ·气氛僵硬 ·残留原有的印象 ·容易生成对立 ·固定座位难以移动	·去掉桌子，变换为扇形 ·把参加者的活动变为交流型
②C字形（桌椅）	会议、研修	·方便看见彼此的脸 ·缩短距离	·人数多时需要空间大 ·如果规模太大，不便于交流	·可以转换为参与性高的岛形
③岛形（桌椅）	研修、研讨会	·方便交换信息 ·方便确定决议	·一个小组的人数增多就会削弱参与性 ·需要宽敞的空间 ·容纳人数有限 ·准备比较麻烦	·一个小组五人左右 ·布局时注意避免死角 ·详细安排
④扇形（椅子）	研修、研讨会	·能够增加收容人数 ·距离感更小 ·容易集中参加者的意识 ·可以临机应变	·不方便记录	·转换成横宽延长，进深狭窄的布局 ·布局时避免死角 ·果断地撤出椅子，坐在地板上
⑤交流型（椅子）	研修、研讨会	·方便应用 ·集中讨论 ·容易移动	·如果会场太大，声音无法传递	·进行紧凑的布局 ·果断地撤出椅子，坐在地板上
⑥圆形（椅子）	研修、研讨会	·方便进行视线交流 ·容易集中论题 ·形成一体感	·如果规模太大，不便于交流	·设置两重圆形 ·果断地撤出椅子，坐在地板上

例如，在专题讨论中，把辩论者一方布局呈半圆形，参加者一方布局呈扇形。这样整体与圆形布局相近，又方便集中双方的讨论。另外，在商品说明会中，想要促使大家更加活跃交流的时候，可以把说明方设置成缓和的半圆，参加者设置成岛形或者交流型，这样参加者更方便交流，同时还可以解除双方的障碍。

像这样，通过布置桌椅的位置可以设定不同的场面。因为心理距离决定现场的气氛，所以请仔细思考不同布局的效果，设计出最适合的空间。

❖ 演绎不同空间效果的方法

演绎不同的空间效果，不仅可以通过桌椅，还可以通过有效运用多种多样的小道具来完成。

（1）张贴布告的物品

把活动当天的规范或安排张贴出来，这样有利于参加者的意识更加明确。如果把前一次会议或研讨会的记录张贴出来，还有助于提前进入会场的人回顾上次的内容。

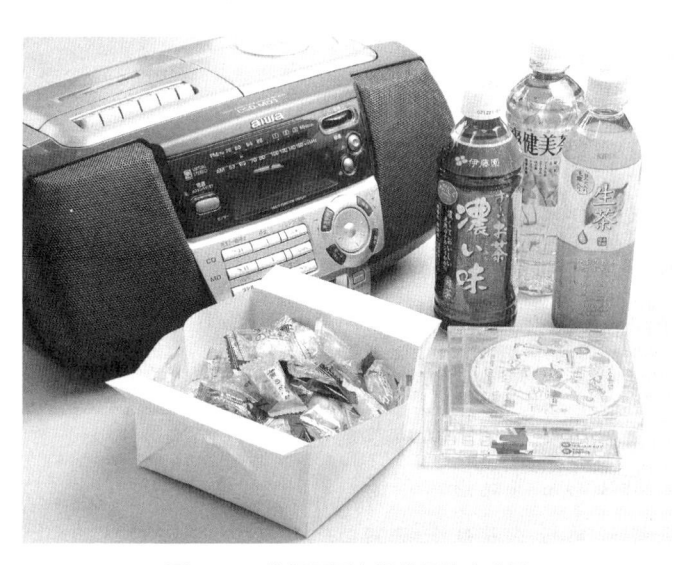

图 2-13 演绎不同空间效果的小道具

（2）音乐

为了创造和谐、高涨的氛围，BGM（背景音乐）是不可缺少的。在会议开始之前和休息时间播放音乐，可以使大家很自然地闲谈，使气氛更加缓和。关于歌曲的选择，当然是不分散参加者精力的轻音乐，这一点在平常就应该多加留意。

（3）饮料食物

一边喝着茶吃着糖果点心一边讨论，可以使气氛更加愉快放松，给整个会场增添活力。偶尔加入一些酒精饮品也可以，但要注意不要过量。

✤ 随机应变地应对不同的状况

对于活动环境的设计，不仅体现在活动开始的时候，在活动当中，根据团队状况的变化随机应变是理所当然的事情，同时，通过控制会场还可以达到控制参加者心理的目的。此时，不仅可以调整空间布局，还可以利用小活动、分组规模、小道具等的搭配使用，来增添效果。

（1）无法安静的时候

①通过使用隔离物使空间变窄。

②调节照明，使之变暗或瞬间熄灯。

③关闭窗户或关闭百叶窗。

④让大家深呼吸或让大家记录。

⑤点熏香或播放口号。

（2）紧张的时候

①撤出桌椅或让大家坐在地板上。

②让大家自由选择座位或让大家一起变换会场布局。

③播放舒缓的音乐或播放广播。

④让大家吃糖饮茶或让大家闲谈。

⑤移动身体或脱掉外套。

（3）困倦的时候

①开窗更换新鲜空气或打开百叶窗。

②播放轻快的音乐或使物品发出较大声音。

③休息放松或从会场出去一下。

④加入小环节或每人说一句话。

⑤更换分组方式或变更布局。

遇到突然丧失行动勇气的情况时，请直接询问其当时的心理状态："现在感觉怎么样？"按照以上方法行动的话，应该不会出现大的偏差。无论什么样的场合，都要仔细观察每个人的态度和样子，根据情况随机应变。

❖ **不断地转换会场布局**

不断地转换会场布局，可以在最初就有目的地设计出转换会场布局的环节。具体可以依据下面的流程：传达、交流、发散、集中、分享等，根据不同的目的不断地转换会场的布局。

开始阶段：巴士型……参与成员进行自我介绍，建立彼此关系。

中间阶段：岛形……以小组为单位进行意见的提出和总结。

终结阶段：扇形……全体成员互相分享成果，回顾整个活动的过程。

图2-14　移动桌子变换会场

对于以上过程，可能有人会觉得"真麻烦"，"一个人做不了"等。这时，从布局的设定一直到最后清理会场的过程，都可以要求参加者一起帮忙。这样，不仅帮助了组织方的工作，同时还有利于大家意识到会场的变化。通过活动身体，可以使心情更加舒畅，并且通过大家共同劳动的体验，加深彼此之间的合作关系。请大家不要有所顾虑，不断地转换会场布局吧！

4　促进团队成员间的关系性

✣互相认识彼此的思维模式

每个人都有其固有的思维模式，叫作"自我概念"。也就是指不同的人对于事物的思考方式和感知方式，既存在相互共同的部分，也存在完全相反的部分。如果不知道彼此的思维模式，就不会明白对方是什么样的人。只有相互了解自己与对方的思维模式后，才能开始建立相互之间的关系。

为了建立彼此之间的关系，交流是不可缺少的。所谓交流，就是一种把自己的想法和思维与他人分享的行为。

所谓"分享"就是将自己想要传达的想法，完全一致地传递到对方的心中。如果双方没有共同的基础，就无法达成交流。

✣以"理解"和"同感"为目标

通过交流进行的分享可以分为两种。一种是分享知识、信息、想法、路线、理论等思想。暂且不论思想的正确与否，首先要使对方心中持有相同的思想，这就是理解。

另一种就是分享感受、感情、感觉等心情。同样，我们排除可怜、悲惨等感想，首先要使对方心中也有同样的心情，这就是同感。通过达成理解与同感，开始分享彼此的思想和心情，从而建立相互关系。

如果交流变得顺畅，那么在了解对方的同时，也会更加充分地认识自己。彼此了解之后，才能相互明白真正想要传达的想法。如果不了解对方，就随意解释自己的看法，由此会产生歧义。按照自己的意愿解释，很容易出现"自我深信不疑"，"一意孤行"等情况。

真正的分享要了解彼此之间的不同，并能够正确传达自己的意图和想法。要想建立彼此间的相互关系，首先要以分享为目标。

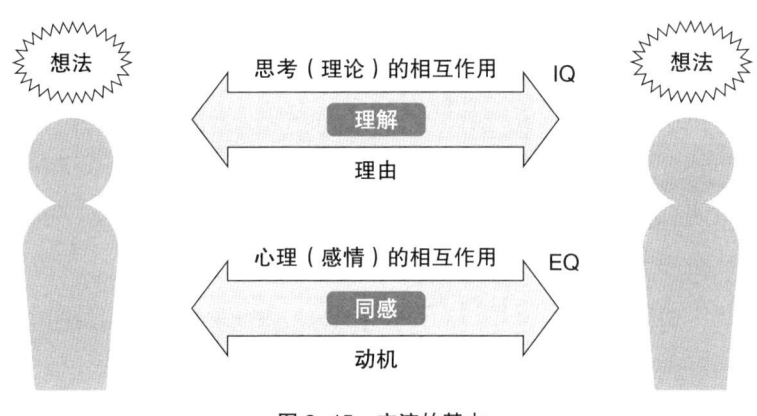

图2-15 交流的基本

✤ 创造可以安心展示自己的场所

通过交流展开自我框架的行为称为自我展示。自我展示是建立相互关系的出发点。

但是，展示自我，需要一定的勇气，同时也伴有其特定的风险。展示自我时，如果不能得到对方的认同，或招致反对，就会使自己受到伤害。如果没有一个可以安心展示自己的场所，就无法开始建立相互的关系。反之，如果有目的地创造一个那样的场所，将有利于相互关系的建立。

以上讲述的内容称为"破冰"（打破僵局）。这个说法是从为了打破像冰一样寒冷僵硬的内心，舒缓身体的紧张感并缓和现场气氛的行为中得来的。这个方法应用于团队成员初次见面时，或者想要促进相互关系的建立时。在进行团队建设时，自己要考虑应该在什么时机使用什么样的破冰方法，根据不同的情况灵活应用。

本书从众多的此类方法中，挑选出了最简单、抵抗情绪最少的破冰方法，并将在第3章中详细说明。如果想了解更广泛的范围，可以参照一下本书附录的"立刻使用！破冰活动＆团队建设练习集120"。

破冰方法多种多样，可以首先从自我展示，让对方接受的练习开始。之后，再进一步进行加深了解的练习。在第4章中，将会详细叙述如何组合使用不同破冰练习的方法。

✢ 通过共同工作加深相互关系

在一定程度上建立了关系性之后，就要进一步追求更大的目标。如果一个团队的相互理解和共鸣仅仅停留在表面，也不能称之为强大的团队。只有建立深刻的信赖关系，彼此开始为对方着想，团队才能更加紧密地团结在一起。

为此，最好的方法就是进行共同合作。大家有过这样的经历吗？通过一些活动或搬家等共同合作增加了彼此的关系性。这与地区团体通过举办节日庆祝或活动来增强团队力量是一样的。总的来说，就是通过"同食一锅饭"的经历来增强团队关系。

能够在短时间内取得以上效果的活动就是团队建设的练习（热身练习）。这是比破冰练习更进一步的团队建设的活动，既存在共同合作又能够使身体直接感知。同样在第3章中将会介绍具有代表性的方法，请大家灵活应用到增添团队活力的过程中。

通过尝试共同合作，能够发现集团（社会）中各个成员的框架（担当活动、集团规范、交流实例等）。也会对领导风格以及处理隔阂等各种团队活动有更深一层的认识。不断地进行这样的发现与学习，一定会对推动团队建设产生很重要的启发。

图 2-16 破冰 & 团队建设练习

第 3 章

技术篇
能够立刻使用的团队建设法

1　灵活运用破冰法

2　灵活运用团队建设的练习活动

3　更有效地运用团队建设活动

1　灵活运用破冰法

为了使团队成员之间打破僵局，互相了解，而采取的方法叫作破冰法。下面首先介绍几个在任何场面，针对任何对象都能使用的破冰法。

❖ 适合例会使用的方法

在这一节中要介绍的方法的用途，是为大家创造闲谈的契机，使之能够在轻松的氛围中进行自我介绍，交换信息。说到这里，可能会有人想，为什么"闲谈"还要创造机会呢，因为在我们的日常生活中，闲谈正在走向"濒临灭绝"的状态。

(1) Check In（不限制人数，需要时间20分钟，不需要准备物品）

这是在会议开始之前，轻松并具有代表性的破冰法。每个人按照顺序，把身边最近发生的事情，或者感兴趣的新闻（好的 & 新鲜的）与大家分享，每个人一分钟左右的时间。主题任选，但是应尽量选择易于表述的内容。也可以根据会议的主题，由主持者提示一些与会议相关的主题。

【主题举例】

①最近开心（关心）的事情。

②现在的心情或现场的感受。

③来参加会议的理由或对于会议的期待。

④对于会议主题的想法。

总之，这个活动的目的，是为了让大家在轻松的氛围内开始交流，对于每个人所讲的内容大家都会欣然接受，而不会否定。另外，主持者也无需在每个人讲话之后发表评论，不必深度挖掘内容，最主要的就是要顺利、轻松、有秩序地进行。在活动中没有必要争强好胜，区分优劣，关键就是要顺利完成。

对于一些难为情或者不习惯的人，主持者可以随意地提示："例如某件事情怎么样？"以此来促进发言。在每个人发言过后，大家共同鼓掌，这样也有助于形成会议的一体感。为了避免出现过于冗长的话题，主持者可在开始之前举一个例子来引导大家。

图 3-1 Check In

座位的布局可以选择 U 字形或者圆形，这样能够使大家彼此看到对方的笑脸。另外，如果一边吃着糖果喝着茶一边进行的话，可以使场面更加轻松愉快。

如果进一步把这个方法与下面要介绍的"One Word"结合起来，将更有助于发挥效果。会议结束时，请在相同的场所进行"Check Out"，通过对活动的回顾，进一步加深大家在思想和感情上的交流，增强团队的凝聚力。

(2) **一个词语（One Word）**（不限制人数，需要时间15分钟，不需要准备物品）

例如，关于"团队建设"的题目等，主持人首先提出主题，然后每个人针对主题联想一个词语，并且把联想到的词语写在便签纸上。之后，按照顺序介绍自己联想到的词语。或者，每个人根据前一个人的话题尽行表述。抑或是全体人员共同即兴创作一个小故事，也将是非常有趣的。

这个破冰法使参与者认识到，认真倾听并吸收他人观点的重要性，也培养了个人的即兴说话的能力，把即兴活动的趣味性传遍整个会场。

"One Word"活动的通用性很强，不同的主题可以广泛地应用到不同的场合。下面介绍几个实际例子。

(3) **一句话自我介绍**（不限制人数，需要时间15分钟，需要准备便签纸和笔）

每人发一张便签纸，主持人在白板上写上主题，例如：姓名，平时的生活，现在的心情等。每个人都根据主题，在便签纸上写下答案，并且只针对写下的内容按照顺序发表。

这个活动通过确定主题，使不知道该说什么的人能够更加简单地确定说话内容。同时通过对说话内容范围的限制，可以防止一些人说话过长(如果仍然担心时间过长，可以由主持人或下一个要讲话的人来充当计时员的角色)。

第三类主题的内容可以有效地扩大自我介绍的内容。如果设定主题为"今天的期待"，就能够得到参会者的信息。例如，如果是关于业务改革的会议，One Word 的主题设为"听到业务改革所想到的事情"的话，还可以起到为之后的讨论热身的效果。

(4) 一个汉字（不限制人数，需要时间20分钟，需要准备便签纸和笔）

每人发一张便签纸或 A4 纸，在会议或研讨会开始之前或结束时，把自己的感想用一个汉字来表达，写在纸上，之后按照顺序向大家说明选择这个字的理由。

这个方法类似于，由"日本财团法人汉字能力鉴定协会"主办的"今年的汉字"，都是用一个汉字表达当时的心情。在这个活动中，参会者写下的汉字是思想的凝缩，应该会很自然地表露个人的性格和思想。

另外，通过一个汉字来表达的这个规则，有效地控制了发言，不会浪费时间。这个方法与"Check In"和"Check Out"搭配使用，效果会更加明显。同时，也可以不限于汉字，而是用"一幅画"或"一个动物"等来表示。

图 3-2　一句话自我介绍

❖ **适合短时间研讨会使用的方法**

下面介绍一下当研讨会的时间不够充裕时，或者需要短时间内消除隔阂，迅速进入正题时的方法。我们选择了带有游戏要素，并且不怎么需要过多准备就能完成的活动。

（1） 拍手（无人数限制，需要时间10分钟，不需要准备物品）

主持人竖起一根手指，大家就击掌一次。竖起两根手指就击掌两次，大家一起跟随主持人的指示击掌，并且掌握适当的时机和时间。主持人一点点加快速度，这样在这个过程中很容易产生团队一体感。偶尔加入一些需要思考的问题会更加有趣，例如"马有几条腿"，"蜘蛛有几条腿"等。

（2） 是输还是赢（无人数限制，需要时间10分钟，不需要准备物品）

大家都站起来与主持人猜拳。大家都在主持人出拳后再出，但是开始要赢，之后要输。这样交替进行。

等到大家熟悉之后，主持人会说下面要赢或下面要输，打乱顺序，大家根据指示出拳，错误的人就坐下来，一直到剩下一个人为止。

猜拳是大家都熟悉的游戏，当团队中初次见面的陌生面孔较多或孩子较多时，效果更明显。

（3） 介绍他人（无人数限制，需要时间30分钟，不需要准备物品）

互相不认识的两个人组成一组，其中一方利用3~5分钟的时间介绍一下自己或自己的兴趣等，另一方完全作为听众，在听的过程中可以做笔记。到时间后，替换角色重复上述过程。

双方都完成采访之后，大家围坐在一起，每一组都要向大家介绍一下同伴。虽然感觉有一点难为情，但被他人介绍时不会有不适感。这样，不仅同组伙伴互相认识了，通过他人的介绍也更容易融入整个团队。

（4） 真的还是假的（无人数限制，需要时间30分钟，需要准备纸笔）

首先组成4~6人的小组，给每个人发一张A4纸，在纸上写四条关于自己的事情。但是，要求其中有一个完全虚构的事情。特色之处就在

图 3-3 介绍他人

于虚构什么样的事情。要尽量避免暴露,选择巧妙的谎言。

小组内以写出的四条为基础进行自我介绍,其他人可以针对自己认为是谎言的事情提出问题。依照这样的顺序,全员介绍完毕后,按照自我介绍的顺序,开始为大家揭示谜底,看是否被大家猜中。最后,总结一下谁猜对的比较多,谁的谎言最完美。

这个活动可以在短时间及愉快的氛围内了解对方,发现共同点,并且体验识破谎言的乐趣。相比初次见面的人来说,更适合相对有一定了解的团队使用。

(5) 流星 *(无人数限制,需要时间10分钟,需要准备纸笔)*

给每个人发一张纸,根据主持者描述的情景画画。例如:"首先,请先画一颗流星;其次,画一个月亮;然后,画一棵树……"大家根据这些事物和情景画画,中途不能提问。

完成之后,大家互相展示作品。大家听到相同的指示,但画出来的结果应该是有很多不同之处。通过这个活动,能够使大家感受到,单方面的交流,即使内容相同,接收的一方也会产生很大的差异。

(6) 雪花碎片(Snow Flake)*(无人数限制,需要时间10分钟,需要准备A4*

图 3-4 流星

大小的纸)

每个人领一张纸，然后把纸对折。用手撕掉纸的一部分后再对折，全体成员一起重复这样的动作 2~3 次，之后一起把纸打开，互相展示成品。虽然大家重复的动作和次数是相同的，却可以出现很多不同的结果。这是一个让大家体会多样性的游戏，之后还可以根据雪花样式来分组。

(7) 彼此靠近 (无人数限制，需要时间 5 分钟，不需要准备物品)

两个人一组，互相靠近。两个人尽可能地彼此靠近，挑战靠近的极限。这时，必然会使一些人尴尬，会出现能够靠近和不能靠近的小组。

游戏结束之后，分别询问能够靠近和不能靠近的小组的理由。当搭档是同性或是朋友时，通常比较容易互相靠近。相反，如果是初次见面的人或者是异性就不容易靠近。

在这个练习中，能够让大家认识到人与人之间距离感的定义和人与人之间不同关系的差异，主持人应充当中间人的角色促进游戏进行。最后，大家一起在合适的距离下握手结束。

71

图 3-5 雪花碎片（Snow Flake）

(8) 背后文字——（无人数限制，需要时间 10 分钟，不需要准备物品）

这个方法可以让初次见面的人之间有一点身体接触，同时，轻松简单地进行自我介绍。特征是能够广泛使用在大会场，或者座位固定难以移动的会场。

两个人一组，决定主次方角色。首先，次方把后背朝向主方，主方把自己的名字(用拼音)，用手写在次方的后背上，注意不能写姓。次方根据感觉猜出主方写的名字。如果猜中了就互相握手，由主方做简单的自我介绍。

之后，主方把后背朝向次方，重复同样的过程。即使早就相识的双方，也有很多不清楚对方名字的实例。在完成这个游戏的同时，让猜对答案的人举起手，速度竞争可以使大家热情高涨。

但是，因为这个游戏中有身体接触，可以选择自愿参加。

(9) 镜子游戏（Mirror Game）（无人数限制，需要时间 10 分钟，不需要准备物品）

两个人一组互相面对面。两人之间的距离可以根据房间的大小进行自由调整，最恰当的距离为1~1.5m。先在两个人中决定主次方，首先由主方举起右手，次方则像镜子一样举起左手。

之后，主方自由地活动身体，次方同样扮演镜子的角色，模仿主方的动作。大概两分钟后相互交换角色。

游戏结束后，请大家对游戏的感受自由发言，小组成员之间互相交流，是采用什么方法跟随对方动作的。这个游戏没有语言的交流，通过身体动作的模仿，使初次见面的人达成沟通。最后，双方握手游戏结束。

作为这个游戏的一种变化，可以让主方移动手，次方要用面部对着主方的手，并且随着主方手的移动而移动自己的头。

图3-6 镜子游戏

(10) 组成握手链 (10~30人，需要时间10分钟，不需要准备物品)

大家组成一个圆形，首先决定起点的位置。这个位置上的人面对右侧相邻的人，与其互相介绍自己的名字，然后互相称呼对方的名字说"某某你好"。最后互相说"请您多多关照"，并握手。这个过程结束之后，右侧的人转身重复相同的动作。

右侧的人模仿起点的人，与其右侧的人重复相同动作。重复以上过程可以使全体成员互相握手。当然，仅仅通过这个活动不能完全记住所有人的名字，但是通过互相问候称呼和握手，能极大地增加大家的亲近感。

图3-7　组成握手链

✥适合分组时使用的方法

下面介绍几个在分组时可以使用的，简单又能恰到好处地处理不同人数的分组方法。

（1）号码！（无人数限制，需要时间5分钟，不需要准备物品）

例如，当把20人分为4人×5组时，可以把参与者按照顺序编成1、2、3、4、5、1、2、3、4、5……的号码，请每个人都记住自己的号码。全员编号完毕后，相同号码的人互相招呼再组成一组。

这是混乱编组最简单的方法。一旦打乱之前的分组再进行重新分组时也可以使用这个方法。当编号容易弄错时，主持人可以一边指着成员一边为每一个人编号。

（2）排列（Line Up）（无人数限制，需要时间15分钟，不需要准备物品）

随着活动开始的一声令下，全体人员按照名字中开头字母的拼音顺序排成一个圆圈，这叫作"名字排列"。圆圈是能够彼此看见笑脸的最佳方式。排列成圆后，确认一下排列顺序是否正确，最好在确认的同时让大家做一下简单的自我介绍，为了避免在这个过程中花费过多时间，可以把自我介绍的内容限制为只说名字和所属单位。

之后，决定起点的人，并依次编号，相同号码的人组成一组。主持人在大家按照顺序排列的时候，在座位布局图中编入号码，这样，能够使排列后的成员以最快的速度按号入座。

排列时，还可以按照生日（不加年，只根据月日）的日期来安排，这种方法叫作"生日排列"。还可以要求参与者不能发出声音，只通过手势来表达生日进行排列。另外，如果把生日与当时日期最接近的人作为开头，还可以增加话题缓和会场气氛。

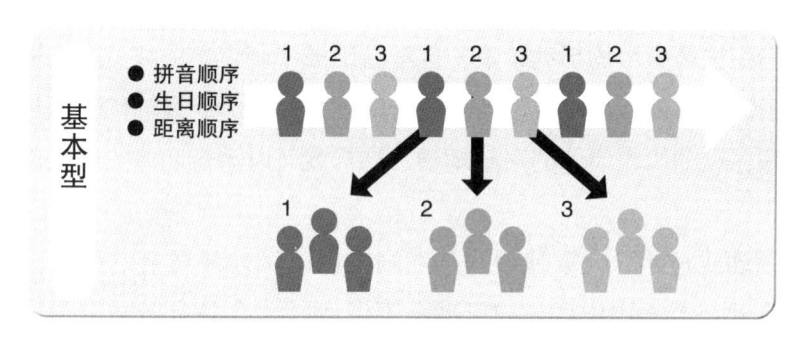

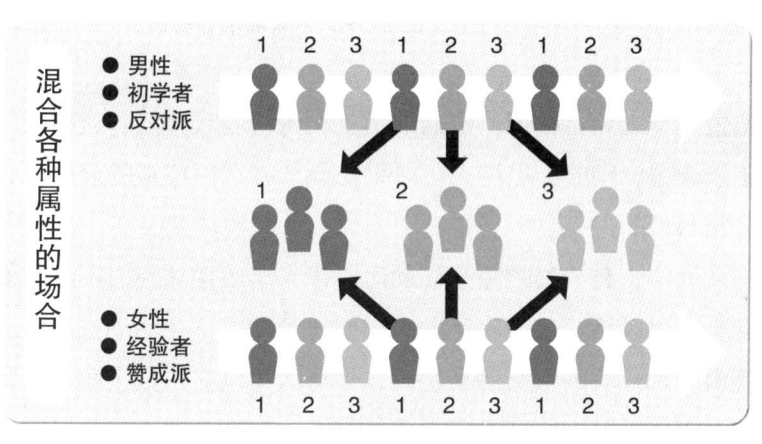

基本型
- 拼音顺序
- 生日顺序
- 距离顺序

混合各种属性的场合
- 男性
- 初学者
- 反对派
- 女性
- 经验者
- 赞成派

图 3-8　排列

另外，这种排列方法还可以用在平均混合两种要素的分组方式中。例如，激进派和稳重派可以首先把激进派和稳重派各分成一组，分别编号之后，两组中号码相同的人混为一组，这样就可以使各组均等。这样的分组方式既创造了两种要素碰面的必然性，又发挥了分组的偶然性。

(3) 人形矩阵（Matrix）(无人数限制，需要时间15分钟，不需要准备物品)

这是一种把团队按照两种属性分开的方法。也称为人形地图（Map）。在条件允许的情况下，事先用绳子或胶带在房间里引出线，作为矩阵的框架。主持人给横轴和纵轴附加各种各样的条件，参与者依据条件选择最适合自己的位置。

例如，把纵轴分为十个阶段，分别代表对主题的感兴趣程度，横轴设定为在主题领域的活动年限，这样就组成了调查参加成员的心情和行动的矩阵。另外，在混合了各种各样的团体会议中，横轴代表团体的设立年限，纵轴代表团体的财政规模，这样就可以调查团体的成长度和安定度。

活动一开始，大家就根据条件站在自己认为最适合的位置。活动的特色就在于一边思考一边行动。不但可以体会各自所站位置的微妙性所带来的乐趣，还可以通过位置的不同来表达用言语无法表达的感觉。

位置确定之后，相近位置的成员互相进行自我介绍，这样可以增加彼此的亲近感。同时，主持人可以采访参与者选择位置的理由，这也是一个非常有趣的过程。

在活动中，有节奏的限时移动可以带来游戏趣味性。不断变换横纵轴的含义，可以给活动带来活力。需要注意的是，在活动过程中，为了尽量使横纵轴代表的含义清晰明确，主持人可以在白板上画出矩阵，或者由四名工作人员，分别拿着画着轴的纸站在四个角上。

通过矩阵活动，主持人可以一目了然的掌握团队成员的倾向和分布状况。对于参与者来说也大大增加了与相同倾向的人相识的机会。

最后，如果要把相同倾向的人分成一组，就直接把距离近的人组成一组。如果故意要把不同倾向的人分成一组，可以分别从不同的位置选出一个人组成一组。这样，可以根据事先设计的方案，变换出各种各样的分组方式。

图 3-9 人形矩阵

(4) 寻找共同项（无人数限制，需要时间 15 分钟，不需要准备物品）

活动开始后，大家根据所给的主题找出共同点，相同的人组成一组。例如，"经常在便利店买的饭团的制作材料是什么"，大家一边回答着"梅子"、"海带"、"干松鱼"等，一边集合到一块。

如果出现人数过多的小组，可以把一个小组分为几个组。出现人数过少的小组时，可以把几个小组组合在一起组成"多彩团队"。团队成员之间因为共同拥有与其他人不同的地方而增加彼此的共鸣感。

另外，通过观察成员，互相交谈并集合到一起的样子，可以多多少少看出这个人的性格，了解他是什么样的人。

还可以事先准备几个题目，活动开始后，大家可以自由选择喜欢的题目组成小组，这样通过赋予参与者自主选择的机会，来提高对分组结果的认同感。

(5) 甜蜜的伙伴（无人数限制，需要时间 1 分钟，准备糖果或点心）

糖果放置在入口处或签到台上，每个入场成员都可以选择一个自己喜欢的糖果。糖果的种类与分组的数量相一致。参与者选择糖果后，入场坐在事先放置了糖果名称的相应座位上。这样，以与抽签相类似的形式分组，参与者因为选择了相同的糖果，大大增加了亲近感。

之后，一边吃着糖果一边开会，可以使参与者在放松的氛围中讨论。糖果也可以替换成巧克力或薄脆饼干等。准备各种各样的茶饮料或瓶装咖啡也应该很有趣。让人们带着游戏的心情，轻松分组。

图 3-10 甜蜜的伙伴

(6) 喊数字（无人数限制，需要时间 10 分钟，不需要准备物品）

大家围成一个圆圈，伴随歌声或音乐顺时针转动。主持人在适当的时候发出声音(拍手、笛声、钟声等)。例如，如果想分为四组就拍四下手，参加人员根据声音的次数聚在一起，分组坐好。

另外，也可以喊出"马"、"章鱼"等代替拍手，根据动物腿的数量分组。或者"蝗虫+蜘蛛"，把动物组合起来也很有趣。

还可以更进一步在提出分组条件时，加入一些不同领域的条件，如男女混合、不同年龄等，这样可以促进团队有目的地进行分组。此时，为了使彼此之间的差别和所属部门一目了然，应该带上姓名卡加以区分。

Column-4 在网上创造对话的场所

　　建立团队关系最重要的要素就是"理解"和"同感"，那么就必然需要"对话"。因此，在团队建设中创造团队成员之间对话的机会，就成为必不可少的步骤。但是，由于工作地点的不同、活动时间的差异等原因，使得团队中各个成员连见面都非常困难。

　　因此，最近有很多人尝试利用 SNS（Social Networking Services）方式为团队成员创造集合场所。大家使用 SNS 彼此交流工作的窍门，气氛非常活跃。

　　虽然有很多地方不能当面对话，但是 SNS 也有其特有的优点。首先，可以容纳任何人数参加，没有时间和空间的限制。其次，在网上交流不存在初次见面的陌生感以及上下级、职位等心理障碍。最后，所有记录都可以直接保留也是网络交流的益处。这样，还可以掌握大家交流的频繁程度。

　　这种方法是根据不同状况而尝试的一种手段。但是，一定要明确，创立 SNS 的目的，仅仅只是想让团队更具活力，是无法持续下去的。另外，设定参加人数和发言次数进行目标管理也是不够的。

❖ 适合人数多的研讨会使用的方法

　　下面介绍的几个方法，都是能够使用在人数较多的研讨会中，并且能够一边活动身体一边建立交流，从而形成团队的一体感。以下几个例子无论在何时何地都能轻松完成，请大家一定要掌握。

（1）击掌（不限制人数，需要时间10分钟，不需要准备物品）

　　大家面向内侧，组成圆形，并且决定一个人为起点。起点处的人稍稍向其相邻左侧人倾斜身体并击掌。击掌后左侧的人以同样的动作再向其相邻左侧人的方向击掌。这样依次把这个动作传递出去，一直到整体都击掌一周。

　　活动第一周速度会比较缓慢，下一周开始逐渐加快速度。要使击掌声不能停顿并且有节奏地完成一周。其中最关键的要点就是使大家没有落后也没有抢拍子的，培养大家的团体意识。

图 3-11　击掌

　　"电流 Impulse"的玩法与这个相似，是参与者之间相互握手，顺序传递。这两种方法都能使大家热情高涨，掌握两种方法，可以根据不同的场合和状况分别使用。

（2）Catch（抓住）（不限制人数，需要时间10分钟，不需要准备物品）

　　大家组成一个圆形，面向内侧。把左手的食指伸出来放到左侧，右手摆成随时能抓住右侧的人食指的形状。

　　当准备完成后，随着主持人"Catch"的一声令下，以最快的速度抓住右边人的食指，并且同时要尽量不使左手的食指被左边的人抓住。因为是同时进行的，如果自己逃脱了又能抓住别人的手指就 Ok 了。

　　进行此项活动时，主持人可以故意在说开始时慢一点或说错，这样可以增加活动的趣味感。或者左右手替换来玩，让任意队员喊开始等，都可以让大家玩得不亦乐乎。

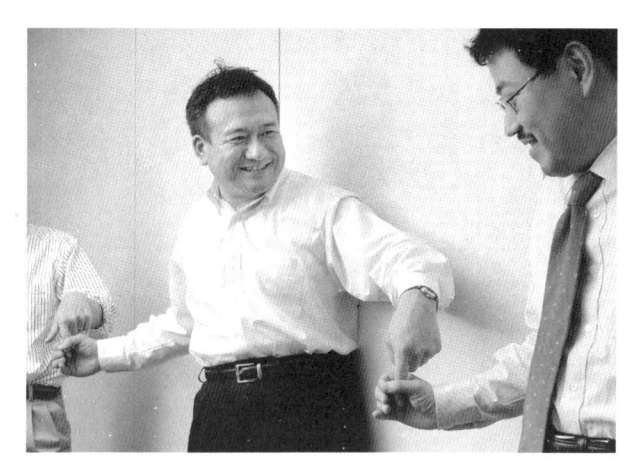

图 3-12　Catch（抓住）

（3）**邻居证言**（不限制人数，需要时间20分钟，不需要准备物品）

全体人员共同组成一个圆形。首先，分别与相邻的人互相自我介绍，然后重新组合，原来相邻的人不能再次相邻，组成一个新的圆形之后，再与新的邻居互相自我介绍。根据这个原则重复最少三到五次。第一次进行自我介绍时可以简短介绍，之后气氛会越来越热烈。

重复几次之后，大家一起依据记忆和曾经的"邻居的证言"再现一遍第一次组成的圆形。完成之后与曾经的邻居互相握手，然后继续第二个圆形，一直到完成最后一个圆形之后游戏结束。

这个活动无论男女老少都能热情高涨地参与进来。不仅能够在短时间内互相认识，而且在再现原来的排列时，在彼此借助相互力量的过程中，可以使大家产生团结的感觉。是最适合初次见面的人进行的练习。

（4）**制作地图**（不限制人数，需要时间15分钟，不需要准备物品）

这是以参与者的家乡为依据，在屋子的地板上制作地图的游戏。大家在会场内就像制作日本地图一样，例如家乡是北海道的人如果站在右

图 3-13 邻居证言

上角的话，本州出身的人就站在屋子中央。当发现两个人出身地相同时，气氛会变得更加热烈。

主持人在会场内不用指示大家如何完成地图，完全依靠团队成员互相之间的交流进行。如果再限定时间增加游戏的紧张感会更有乐趣。

如果是国际会议就制作全球地图，地区研讨会就制作市内地图，这样不但可以明确附近的伙伴，还可以作为把彼此关系可视化的一个工具来使用。可以灵活运用到各种不同情况的研讨会中。

（5）寻找共同点（不限制人数，需要时间10分钟，不需要准备物品）

两个人一组互相简单地进行自我介绍之后，寻找彼此的共同点。找到之后握手告别，再与其他人组成一组寻找双方的共同点。但是，每次找到的共同点都不能重复，要不断地挖掘新的共同之处。这样，就可以尽量与更多的人相识，并且找到更多的共同点。

要想使人与人的关系更加亲近，最好的方法就是让彼此有同感，产生同感最佳的办法就是寻找共同点，这样可以一下子缩短彼此之间的距离。仅仅需要十分钟，会场的气氛一定会立刻缓和。

以这个方法为基础还可以变换出多种不同的方法，例如，分组之后，以组为单位寻找共同点，几个组之间互相竞争共同点的数量。或者，对于座位固定的会议来说，可以每相邻的两个人组成一组，竞争相同点的数量。请依据不同的状况灵活运用。

（6）签名运动（不限制人数，需要时间10分钟，需要表和纸笔）

准备一个列举了10~15项关于人的特征的表格，分给参与者每人一张。选项内容应混合包括容易符合的选项和不容易符合的选项。例如：

①会演奏乐器的人。

②去过中国的人。

③在最近一周内吃过拉面的人。

④带隐形眼镜的人。

⑤昨天喝了三杯以上啤酒的人。

图3-14 签名运动

参与者拿着表格和笔在会场中寻找符合选项的人，找到后请他签名。但是，同一个人在同一张表上只能签一个名，一个项目后面也只能有一个人签名。依据这样的规则，竞争已签名项目数量的多少。

(7) 人椅游戏（最多50人，需要时间10分钟，不需要准备物品）

全体人员面向内侧围成一个圆圈。相邻的人互相拉手，相隔肩与肩能够互相接触的距离站立。然后松开手向右转动90度，形成一个逆时针方向的圆。

然后，把两只手搭在前面一个人的肩膀上，大家一起根据主持人的口号慢慢坐下。举例来说，就是你坐在你后面的人的膝盖上，你前面的人坐在你的膝盖上。

顺利完成这个动作之后，向相反的方向再重复一次。如果人数较多，可以分为几组，互相竞争完成动作速度的快慢，会使团队气氛一下子活跃起来。

这个活动伴有一定的危险性，主持人最重要的任务就是确保参与者的安全。尽量使大家互相帮助，慢慢地安全地完成动作。

(8) 闭眼游戏（最多50人，需要时间20分钟，不需要准备物品）

全体成员拉起手组成一个圆圈，闭上眼睛。主持人发出命令："全体人不许睁眼，请大家组成一个正方形。"大家都闭着眼互相商量，发挥想象力完成这个活动。当大家认为已经完成时，就说"完成了"，此时一起睁开眼睛检查一下做的是否正确。

经历几次之后，如果用表计时就会发现，完成一个动作的时间变得越来越短。除了正方形，还可以尝试正三角形、等腰三角形、长方形等多种变换。另外，组成几个组来竞争完成的速度也是非常有趣的。

游戏结束后，大家来共同回顾一下，语言交流的重要性，使用恰当语言的重要性，领导风格和服从风格等。相信通过这个游戏，一定会使大家得到很多关于团队建设的启示。

2　灵活运用团队建设的练习活动

下面将要介绍的几个方法，是针对有一定经验的人，通过共同合作，学习团队建设要领的练习活动。具体来说，是针对大型会议、大型研讨会、研修、集训等脱离平常活动场所的团队而言的团队建设练习活动。

❖ 适合研修或集训使用的方法

（1）Trade（挑选成员）*（20人，需要时间30分钟，不需要准备物品）*

由5~6人组成一个团队围坐在桌子旁，另外再准备一个没有人坐的桌子。要求在30分钟内从每个团队中抽出一个人组成一个新的团队。在挑选被抽出的对象时，请依据以下规则。

①禁止采用猜拳、抽签等偶然性高的方法。
②禁止候补人员说"那么，就我吧……"
③禁止对他人说"你，去！"等强迫性的方式。
④必须找到一个全体成员都能认可的理由。

在这个过程中你会发现一件不可思议的事情，一旦组成了一个团队之后，当要从中抽出一个人时，大家都会自然而然地产生一种抵抗情绪。为了找到大家都能认同的理由，关于人选标准的讨论是必不可少的，如果彼此之间互不了解的话，就无法继续进行这个话题。另外，要让被抽出的人认可这个结果，不但需要足够的理由，适当加入感情的因素也是非常重要的。通过这个练习，可以让大家深刻体会到团体活动中理论与感情的作用。

（2）费米推断*（不限制人数，需要时间30分钟，不需要准备物品）*

下面终于要开始介绍，提高大家逻辑思考能力的练习了。这个游戏通过团队间的对抗和比较答案正确度，在解决问题的过程中，可以提高团队的团结能力。

所准备的题目通常是大家所不了解的，在解决问题的过程中，任何人都可以提出自己的意见。但是，如果最后得不出答案会让大家觉得不舒服，请事先在网上或采用其他方法找到答案(可能的话，可以考虑采用引导大家找出答案的方法)。例如：

①美国的钢琴调音师有多少？
②日本寺院最多的城市，排名前五位的是哪几个？
③一辆坦克的价钱是多少？

把全体人员分成几个小组，用 20~30 分钟引导大家找到正确的答案，答案最接近的一组为胜者。但是，游戏需要遵守以下原则：不能凭直觉，要有依据地给出答案；尽量避免独断专行或多数表决的方法，答案应尽量赢得全体成员的认同。如果有效的调动全体人员的知识和思考能力，并结合在一起，应该是能够猜出正确答案的。这个游戏的重点不在于答案是否正确，关键是游戏结束后，一定要安排大家一起回顾，并且讨论团队活动的好处和需要改善的地方。

（3）共识游戏（Consensus Game）（不限制人数，需要时间60分钟，不需要准备物品）

这个游戏可以称为"共识游戏"，在大家意见逐渐达成统一共识的过程中，可以了解每个人不同的价值观，并且学习共同合作中消除对立的主要方法。比较具有代表性的是"月球迷失游戏"和"逃出沙漠游戏"。游戏的玩法有两种：一种是有明确答案的，一种是没有明确答案的。

1）单独思考

根据所给题目，每个人单独排出优先顺序或者选择最佳选项并记录。也可以事先不设定项目，先由每个人想出几个项目，再通过举手表决的方式确定 5~7 个。

【题目举例(有明确答案的情况)】

①消费者的消费意识排序（根据市场调查）。
②主要生产物的产地（根据政府统计）。
③关于管理五选一的六个问题（根据经营资料）。

【题目举例(没有明确答案的情况)】
①对于当今组织来说最需要的是什么？
②工作时最重要的是什么？
③对于今后的商人来说，最重要的能力是什么？
④要成功完成组织变革，最不可缺少的是什么？

2) 团体讨论

4~5个人一组进行讨论并统一团队的答案。当题目存在明确答案时，不仅要找出答案，还要大家共同分析是如何找出正确答案的。如果问题本身没有明确答案，就没有必要非得通过少数服从多数或讨论达成统一，只要大家互相推敲互相讨论就可以了。

3) 全体讨论

当问题有明确答案时，大家共同计算一下，个人答案和团队答案与正确答案之间的差异，从而体会团队的效果(相比个人思考而言，团队共同思考会更加接近正确答案)。当问题没有明确答案时，详细列出团队中各种不同的答案，全体成员互相讨论每个答案的依据和不同的思考模式。

4) 回顾

活动结束后请大家针对整个活动的状况共同讨论，提出通过团队活动获得的新发现，或者总结一下下次进行此活动时需要改善的要素。

最后的回顾环节是本活动中最重要的部分。此环节可以以各种问题为焦点，例如：活动的形式、团队思考的路线、团队成员的思想动态等，以不同的焦点来共同讨论发生了什么，为什么，应该如何改善等，以此不断发现活动的经验教训以及需要改善的事项。

表 3-1　月球迷失游戏的排序单

你乘坐的宇宙飞船在月球上迫降了，此时宇宙飞船中只留下以下15种物品。请按照重要程度为这15种物品排序（正确答案请见附录）。

		①NASA的排序	②你的排序	你与正确答案的差异①和②的绝对值	③团队的排序	团队排序与正确答案的差异①和③的绝对值
A	火柴盒					
B	压缩食品					
C	50英尺的尼龙绳					
D	降落伞					
E	太阳能取暖设备					
F	45口径手枪					
G	一箱奶粉					
H	100磅的氧气罐					
I	月球上的星座图					
J	自动膨胀的救命艇					
K	指南针					
L	5加仑水（19升）					
M	照明弹					
N	带有注射器的急救箱					
O	太阳能周波接收发送器					
				失分合计		失分合计

0~25：最优秀，26~32：优秀，33~45：良，46~55：一般，56~70：差，71~112：不及格，要加油哦。

（4）思维训练（Brain Storming）(不限制人数，需要时间30分钟，准备纸笔)

思维训练是指团队共同思考，想出办法。在团队的准备活动中使用效果会十分明显。通过这个方法，可以使彼此的思维更加灵活，并且从中学习团队合作的要点。

进行思维训练应遵循以下四个原则。

①自由奔放：排除一切限制，任何想法都OK。

②禁止批评：禁止对他人的意见进行批评或评价。

③欢迎追加：鼓励不断追加新想法，不断扩展想法和意见。

④量大于质：要想得到质量高的意见，首先需要不断增加数量。

作为团队建设的方法，首先应选择容易引起讨论的主题(例如：塑料瓶的回收利用，圆形的东西都有什么，使酒更加好喝的饮用方法，迟到时的借口，如何度过假期等)。

活动结束后，通过大家共同回顾来学习如何决定目标，如何接受他人意见，以及活动的节拍和气氛的重要性等团队活动的要点。此活动还可以采用团队对抗的形式，这样会进一步提高成员的热情，当话题难以继续时，可以同时使用 Talking Stick（提出题目的人必须发言）的方法，这样会进一步增强团队活动的效果。

（5）亲和图法（不限制人数，需要时间60分钟，准备便签和笔)

团队活动不但能够达成个人无法实现的成果，还能够使团队成员在达成成果的过程中，获得自我实现的成就感。在团队活动的过程中，如果只是通过一部分人努力达到的成果，无论成果多么显著都难以提高团队整体的力量。亲和图法就是通过对团体成员各种意见的发散和统一，从而使每个成员都能体会到团队成果带来的成就感。

图 3-15　亲和图法

这个方法可以应用到很多团队活动的领域并且达到提高团队力量的目的，例如：统一意见、设立计划、改善业务等，请大家一定要牢记于心。

1）思考意见

　　首先大家共同思考主题（例如，如何建设有活力的团队），并通过简单的对话达成初步统一。之后，把各自的想法写在便签纸上。此时在便签纸上不仅要写出关键词语，还要针对各自的想法写出简短的评论，以便大家都能理解。目标为每个人10张左右。

2）发表意见

　　按照顺序各自发表意见，并把便签纸贴在白板上，将意思相近的便签纸并列排在一起，在顺序发表意见的过程中，可以随时追加不同的想法或意见。

3）以不同的标题分组

　　把意思相近的便签纸组成一个小组，并设立一个主题。这里的主题不是形式上的标题，而是小组意见经过整合达成统一的中心内容，每个小组都要以简短的文章来表述这个主题。

4）意见等级化

　　小团体意见统一后，进一步对比分析各个小团体的主题，组成中级团体并为中级团体设立主题。随后，不断重复以上过程，以小团体、中级团体、大团体的形式把各个意见分等级来不断地达成统一。

5）统一意见

　　最后整个团队的意见经过不断整合分成3~5个大团体，并且通过箭头指向图把由小团体到大团体的关系表示出来。在此基础上把全体成员的意见统一成一篇文章。

　　在亲和图法中，要避免个人因头脑灵活而进展过快，否则就失去了团队活动的感觉。此外，亲和图法的目的与整理意见不同，不要弄错以相反的顺序进行，"大团体→中级团体→小团体"，这个顺序是正好相反的。

　　活动的重点在于如何设立团体的主题。如果以"优秀的领导风格"，"提高积极性"等抽象的语言来表达主题，会使结果越来越模糊。统一主题时应该尽量遵循原有的便签内容，随着团体等级不断提高，用来论述主题的文章也应该越来越长。

（6）纸塔游戏（不限制人数，需要时间30分钟，需要准备纸）

纸塔游戏是通过团体合作来学习领导、服从、参与、交流等团体活动要点的游戏，是团队建设方法中具有代表性的练习。也可以用吸管代替纸来进行(吸管塔游戏)。

首先分成几个组，分给每个组30~40张A4纸，使用相同数量的A4纸来搭建一个能独立立在地面的纸塔，并且在规定时间内比较搭建纸塔的高度。开始搭建纸塔之前，每个组都有10~15分钟时间来讨论作战策略，在此期间禁止碰触纸张。活动开始后，每个小组利用3~5分钟的时间搭建纸塔并在结束时竞争纸塔的高度。在此活动过程中，相信每个小组都会变更之前的作战计划，产生新的意见和想法。

此项活动的目的并不在于胜负，而是通过共同的体验和回顾来思考如何顺利推动团队活动。通过回顾能够根据确立作战策略、分配任务、团体讨论等环节来学习团队合作的要领。

图 3-16 吸管塔

（7）合作纸片拼图——（不限制人数，需要时间30分钟，需要准备纸谜）

准备几块纸质较厚的正方形纸片，每张都分别分割成大小形状不一的五片。把这些纸片混合后发给每个人其中任意五片。

在这个游戏中，团队成员必须通过互相帮助使五个人都完成纸片拼图。但是，在游戏过程中是不可以讲话的，参与者可以把自己的纸片给其他人，但是不可以向他人表达想索取纸片的愿望。

尝试了这个游戏之后，大家会感觉到在不能讲话，限制表达个人意愿的情况下要完成游戏非常困难。如果采用团体对抗的方式，游戏还会更加激烈。同时，在游戏过程中，参与者能够意识到一个促进团队活动的秘诀，那就是不能只考虑自己，而是要尽可能地了解对方的状态和需求。如果认为单纯的正方形纸片拼图太容易了，还可以采用报纸或漫画等多种形式，也可以让游戏过程变得更加有趣。

（8）智慧的圆圈（不限制人数，需要时间30分钟，不需要准备物品）

把团队成员分成由7~8个人组成的团队，每个团队一个领导者。大家彼此手拉手围成一个圆圈。在保证手不能松开的同时，互相缠绕，尽量使手臂与手臂之间以最复杂的方式纠缠在一起。

交替位置后，团队的领导者在不接触成员身体的情况下，仅凭口头命令来解开缠绕在一起的圆圈，发出命令时，不仅不能动手，除口头指示以外的任何动作都禁止执行。计算一下需要花费几秒钟来解开圆圈（也可以采取团队竞争的方式）。

接下来，再围成一个圆圈并互相缠绕在一起，这次要凭借团队成员彼此之间的交流来解开圆圈，大多数这样的例子都比依靠领导者指示花费的时间要短得多，很简单就解开了。通过对这个游戏的回顾，大家可以一起讨论一下这样的结果说明了什么。这个游戏可以使大家学习到，团队成员自发的行动更加能够促进解决团队存在的问题。

（9）贸易游戏（50人，需要时间超过60分钟，需要准备纸和文具等）

贸易游戏的练习广泛应用于为了理解国际环境而进行的教育开发的活动中。参与者扮演持有不均衡资源的各个国家，并通过与他国之间的贸易来实现利益最大化。这是一个非常好的贸易游戏，在游戏中可以获得各种各样新的发现。如果想了解更加详细的方法，请联系开发此游戏的教育开发协会（http：//www/dear. or. jp）。

1) 准备工作

　　4~5人一组并且把纸、文具、纸币等资源分给各小组，各小组持有的资源是不平衡的，只要能够制造出指定形状的商品，国际银行就会以特定的价格购买。团队活动的目标就是尽量获得最大的收益。

图 3-17　贸易游戏

2) 游戏开始

　　游戏开始后，各个团队会发现仅仅凭借自己持有的资源无法不断地增加收益，此时团队就会自然而然地开始交易、分工、制定策略、讨价还价等行为。同时产生产品价格的波动、规格发生变化等情况，参与者必须敏感地应对各种各样的环境变化。

3）游戏结束

游戏进行 45~60 分钟左右后结束，剩余的资源可以换算成金钱，最后比较各组收益的多少。活动的要点就从这里开始，通过对整个游戏过程的反思，促进大家共同讨论在活动中体会到的成就感、不公平感以及在战略和团队合作中需要改善的地方。

（10）冒险计划（Project Adventure）**（不限制人数，需要时间 30 分钟，不需要准备物品）**

在团队建设的活动中，如前面所讲述的那样通过活动身体来开展的练习方法有很多。把以上方法综合称为冒险计划，只介绍这些方法就可以写一本书了。

虽然让团队成员通过活动身体来进行的练习，一定能够产生很好的效果，但要完成这样的练习至少也需要花费 2~3 天时间，平日里是很难有这样充裕的时间的。

因此，本书中将介绍几个具有代表性的练习，通过身体的实际感受来培养彼此之间的信赖感。活动身体的练习有很多注意事项，详细请参考卷尾的参考文献。

1）Trust Fall（信任跌倒）**（不限制人数，需要 30 分钟时间，不需要准备物品）**

两个人一组，一个人把胳膊抱在胸前闭上眼睛站在另一个人的前面。喊一声口号后前面的人向后倒下，后面的人负责接住前面的人。练习几次后可以逐渐增加人数并向不同的方向倒下，全体成员一起来接。通过此项活动，成员能够真正体会到信赖这个词的含义。

2）Pair Walk（搭档行走）**（不限制人数，需要 30 分钟时间，不需要准备物品）**

两个人一组，一个人蒙上眼睛由另一个人带领到户外散步，使蒙上眼睛的人体验除视觉以外的各种活动。最开始可以互相挽着手并肩走，习惯之后请尝试一下仅凭对方的声音来行走。通过这个练习不仅能够学习信赖他人，还能够使视觉以外的各种感觉更加敏感，获得各种各样意外的发现和心得。

3) 开始 & 停止 (**不限制人数，需要 30 分钟时间，不需要准备物品**)

5~6 人一组站成一条直线，脸始终面向正前方从起点走到终点。在行走过程中禁止看旁边人的动作，以及喊口号和说话。团队成员要凭借彼此的感觉一起开始并同时停止。一开始可能难以掌握节奏，那种不和谐的状态会使人哭笑不得，但是你会发现在不知不觉中，大家会配合得越来越默契。

图 3-18　活动身体的练习

Column-5　通过音乐和演戏来进行团队建设

　　本书介绍的内容，主要以公司或各个区域能够轻松完成的方法为中心，割舍了很多大规模团队建设的方法。其中就包括前面提到的通过野外活动培养团队意识的方法。这种方法曾经在欧美非常流行，现在日本拥有大型团队活动设施的团体也在逐渐增多。

　　另外还要给大家介绍一种，通过音乐来推动团队建设的方法，其中比较具有代表性的有"太鼓演奏"。大家围成一个圆圈，按照各自的喜好敲鼓或者敲打其他打击乐器，全体成员共同演奏一个乐曲（旋律）。

　　在这个活动中，不同的成员间会演奏出不同风格的合奏，真正能够感受到齐心合力、斗志昂扬的团队感。参加活动的人员不但不需要有特别的演奏技能，而且人数从十几名到上百名，从小孩到老人都能轻松愉快地完成这个活动。

　　下面再给大家介绍一种通过戏剧来进行团队建设的方法。这种方法既不需要剧本也不需要排练，叫作"即兴剧"，也就是现场创造出一场戏剧。还有一种方法叫作"回放剧"，目的与即兴剧不同，是把自己的经历，让大家一起表演出来。

　　总地来说，戏剧是通过团体合作来提高团队整体感的过程，在这个过程中不存在表演者与观赏者的立场，而是大家互相理解，共同分享团队合作成果的喜悦，以及体会团队一体感的过程。

　　以上介绍的活动，开展起来总会有些难度，一旦有了时间和机会，请大家一定要尝试一下，相信一定会发挥出显著的效果。

❖ **使大家共同认识团队前景和目标的方法**

　　如果团队的目标是由每个成员亲手创造出来的，那么就会在很大程度上提高团队的凝聚力。这样不仅可以大大激发团队成员的参与意识，对团队意识的养成也起到很大的作用。下面为大家介绍几个具有代表性的方法。

（1）Wish Poem（愿景诗歌）(20人，时间60分钟，需要准备纸笔)

1）创作诗歌

首先蒙上所有人的眼睛，大家一起来幻想一下几年后自己或者团队的样子。然后通过一首诗来表达并写在便签纸上。完成后每个人都按照顺序来朗读自己的诗。例如："如果能发展成什么样的团队那会多好(开心)啊！"

2）统一团队前景目标

把全体成员的便签纸贴起来，一起讨论拥有共同愿望或背景的便签内容。找到共同点之后，尽量把便签表达的意思升华到团队前景的高度。如果是分组讨论，可以先统一小组的意见，再进一步达到全体的统一。

在讨论过程中，如果有人什么都联想不起来，组织者可以用提问的方法做出关于主题的提示(例如：客人的表情会变成什么样，职场的气氛如何等)。当意见难以统一时，也可以通过提问来挖掘更深一层的概念，使讨论进一步接近主题(例如：为什么会联想到这样的场面呢，通过这件事想达到什么样的目的等)。

（2）增加和减少（20人，时间60分钟，白板）

列举出团队中应该减少和应该增加的项目，在白板上总结出一个T型表。(例如：增加竞争、减少顾客。) 大家一边观察表中的事项，一边讨论自己将来的变化，以及即将面对的问题和问题的处理方式，并且讨论一下将来工作的重心将转移到哪里。通过这些讨论总结出团队的发展方向。

当增加和减少的项目较多时，可以适当加以分类从而使大家对整体环境的变化更加容易理解，例如：区分内部和外部，按照重要程度排序等。因为此时增加以及减少的项目的方向是不一致的，可以经过分类后再进行讨论。

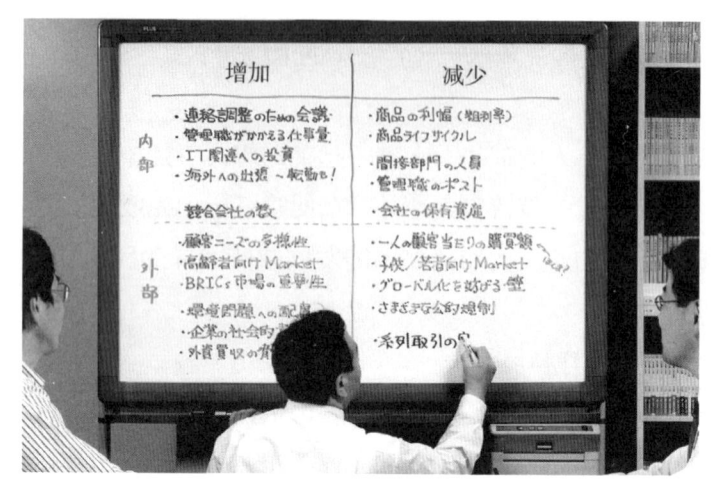

图3-19 增加和减少

（3）SWOT（20人，时间60分钟，白板）

首先在白板上列出团队的强项（Strength），弱势（Weakness），机会（Opportunity），以及面临的威胁（Threat）。分别按顺序讨论以上几项并记录下来。然后，重点分析各个项目的要点，并记录下应对的方案。

①是否能够利用机会使强项进一步增强。

②是否能够利用机会克服弱势的地方。

③是否能够利用强项战胜威胁。

④是否能够利用威胁的力量反过来把弱势变为强项。

最后，团体讨论以上四项的优缺点，并根据其重要性排列先后顺序统一成团队的整体目标。

这个活动最大的优点就是可以使团队成员共同认识到所处的环境。并且通过以上四方面项目的组合使团队能够灵活应对困难，从正面攻克威胁，对很多带有意外性的难关都能应付自如，同时还可以设计出各种各样的团队发展路线。

图 3-20　SWOT

（4）Will/Can/Must（20人，时间60分钟，白板）

在白板上画三个圆圈分别记录团队将来应该做的事情（Will），能够做到的事情（Can），以及必须做到的事情（Must）。然后着眼于每两个圆圈相互重合的部分，讨论出符合要求的事项并一一记录下来。最后着眼于三圆圈相交的中心位置讨论出符合要求的事项，记录下来并整理出团队统一的发展方向和目标。

这个游戏需要团队在安静的气氛中进行，成员也要内心平静，组织者尽量不要破坏这种气氛。如果在短时间内找出符合要求的各个事项比较困难，可以事先准备便签纸记录下来，之后由团队成员来发表。与这个方法相似的还有关于分析团队整体结构的方法，叫作3C（Company、Customer、Competitor）。

（5）时间机器 Time Machine（20人，时间30分钟，白板）

这个活动的过程是让团队成员预见一下，自己从未来返回现代的经

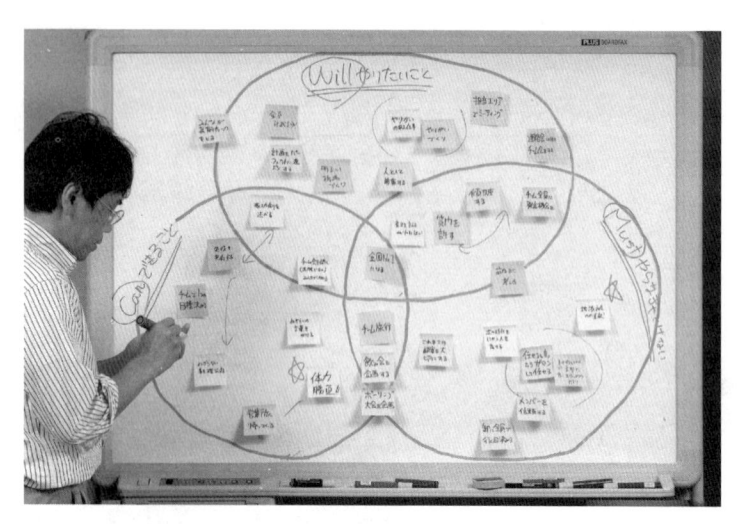

图 3-21　Will/Can/Must

历,所以叫作时间机器。首先,想象一下自己 N 年之后的样子,N 年后自己想变成什么样子,N 年后自己理想的状态是什么样的,并且把每个人的愿望一一记录在白板上。下一步依据同样的方法,预想一下要实现 N 年后的理想,在 N/2 年应该达到什么目标,进一步为了实现 N/2 年的目标,N/4 年应该做到什么,这样一直重复继续下去,一直到离自己最近并且立刻就能行动的具体目标为止。

这个方法使参与者在预见未来的同时,更加具体地制定出实现理想的路线和计划,同时也极大增强了为了实现理想而必须担负起的个人的责任感。因此,这个练习的顺序一定要从未来到现在。

在活动的过程中,也许一开始讨论未来的理想时气氛会比较活跃,随着从未来向现在一点一点推进的过程,参与者会越来越感到现实中的责任感和压力,但是即使出现动摇原来理想的人也不能改变最初制定的目标,组织者的作用就是要不断增强参与者的信心,下定决心把理想与现实结合起来。

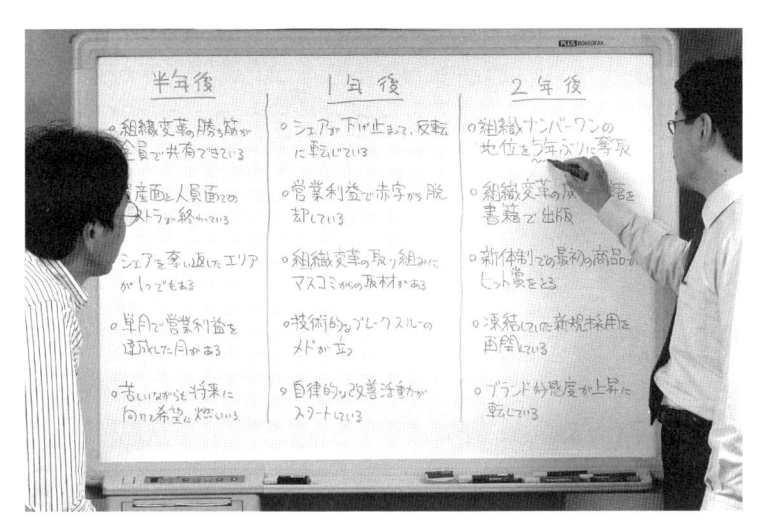

图 3-22　时间机器 Time Machine

（6）未来报纸（无人数限制，时间 60 分钟，白纸和笔）

未来报纸是指把自己置身于未来的某个时间，通过描述自己未来的状态进一步描述未来变化的方法。

1）预想未来

首先决定未来的时间，预想一下，如果那时在报纸杂志或新闻节目中有关于自己团队的报道，将会是什么样的事情，有什么样的标题，有什么样的评论等，并把每个人的想法都记录在便签纸上。

2）制定共同的目标

团队的每个成员都一一说明自己记录的内容，并且从中选出能够得到大家认同的事项制作成实际的报纸版面。在制作版面时，需要在版面和标题上下功夫，这样可以使版面更像真实的报纸，使团队成员对共同目标的认识更加明确。另外，如果加入广告、社论、专栏等可以进一步增加真实感。

3）找出新闻中隐藏的愿望

观察完成的报纸，以这个报纸为背景共同讨论新闻中包含的愿望和要求。

①看到报道后有什么新的发现？
②为什么会想到这样的报道？
③在报道中最重要的一点是什么？
④通过这个报道体现了什么愿望？

4) 制定目标

以制作完成的报纸和大家讨论的内容为基础，把大家的目标整理成一篇完整的文章。通过这个活动不仅使大家对未来的预想更加明确，还能促进团队整体目标的制定。

活动的趣味性很强，注意不要因为热情高涨而把活动当成游戏，挖掘报道里面隐含的愿望和要求才是这个活动的重点。要不断询问自己，"为什么会有这样的报道"，"通过这个报道想表达什么愿望"，这样才能把内心的愿望挖掘出来。

以这个活动为基础，还可以变换出其他相似的方法，一个是为了提高团队危机感，在报道中加入有关组织破产的报道，另一个就是促进个人思考"未来的遗书"。

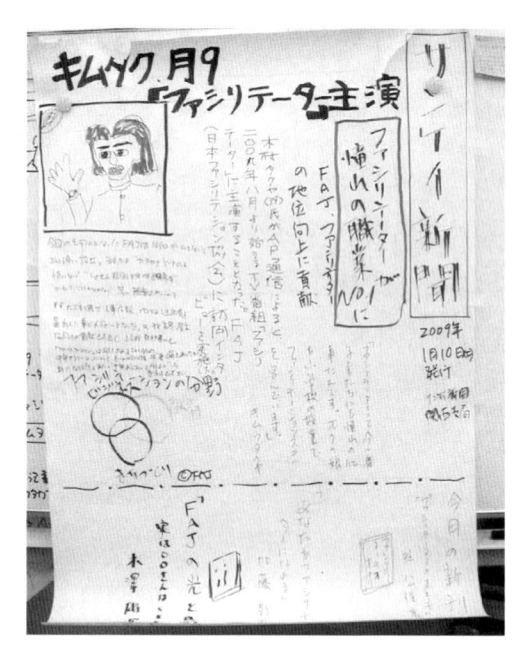

图3-23　未来的报纸

❖ **建立真正团队的方法**

以下练习可以在建立项目、组织改造以及企业合并的时候使用，让团队在尽量短的时间内，发挥优秀团队的力量。在以下练习进行的过程中，能够在建立团队成员相互关系的同时，极大提升团队统一的意识。

(1) 领导者与团队成员的融合（Leaders Integration）（20人，需要60分钟，白板）

这个活动的作用是在建立新组织或新项目时，促进团队领导者以最快的速度融入团队，从而加快团队建设的速度。此活动也可以称为"相互理解"（Assimilation），不仅能够尽快加深领导者与团队之间的相互理解，还能够促使团队拥有统一的计划、方针和目标，对领导者与团队成员间方案的制定也有很大帮助。

1) 开场白 Opening

首先，组织者陈述此次活动的目的，以及领导者与团队成员对于彼此的期待，并说明组织者在整个活动中所起的作用（促进双方积极交流、掌握时间、维持秩序等）。最后简单说明活动进行的步骤和规则，并提出希望大家能够配合的愿望。

2) 征集团队成员的提问

团队领导者暂时离场到其他房间，在此期间组织者要征集大家对团队和团队领导者的问题并且写在白板上。记录时禁止公开每个问题的提问者的姓名。

①对领导者的了解和意见。

②对于领导者，想进一步了解的事情。

③对领导者有何期待和愿望。

④能够为团队做哪些贡献。

3) 准备回答问题

团队成员暂时休息，领导者返回现场为回答问题做准备，此时组织者要再次说明注意事项（例如：努力分析自我，不能询问问题提出者的姓名，对没有建设性的问题采取毅然的态度等）。

4）领导者回答问题

全体成员重新登场，领导者按照顺序回答问题，如果遇到不愿意回答的问题也可以拒绝回答。在回答问题的过程中，如果领导者对团队或团队对领导者要约定相关事项，请直接在现场宣布。

5）结束

确认完新的约定以及追加问题之后，请领导者以及团队成员分别发表各自的感想并与大家共同分享。如果条件允许，活动结束后大家一起去喝酒来进一步加深彼此的了解。有关活动中新的约定和追加问题在几个月后应采取相同的方式来检验进展状况。

这个活动成功与否就在于团队领导者是否能够真正地向团队展开自己。如果很直率地一一回答团队成员的提问就能够缩近彼此之间的距离，反之，如果故意打岔，敷衍了事反而会使关系更加恶劣。为了避免这种情况的发生，应尽量创造一个适合领导者向团队敞开心扉的活动气氛。

图 3-24　领导与团队的融合（Leaders Integration）

（2）乔哈里资讯窗（Johari Window）（20人，用时超过60分钟，白板）

乔哈里资讯窗是自我发现——反馈模型。通过乔哈里资讯窗能够使我们在自己的心中把自己与他人的关系分为四个领域来思考。刚才介绍的 Leaders Integration 就是应用了这个理论，下面介绍一下如何把这个原理应用到跨部门和组织的团队建设中。

例如，如果把 A 部门和 B 部门组成一个团队，在进行团队建设时（促进团队关系），首先向 A 部门的成员提出以下问题。

①自己认为 A 部门怎么样？

②对于 B 部门的看法是怎么样的？

③自己认为 B 部门对 A 部门的印象会如何？

把答案依次整理在便签纸上，向 B 部门提出相同的问题并记录。

以上环节完成后，对照两个部门的答案，如果出现了不一致的答案要找出原因，并思考为什么会出现这样的差异，再进一步讨论如何才能改变彼此之间不同的地方。一旦发现应该改善的地方应立即付诸行动。

当把两个以上的部门组成一个团队时，可以用循环提问的方式，来进行这个方法。

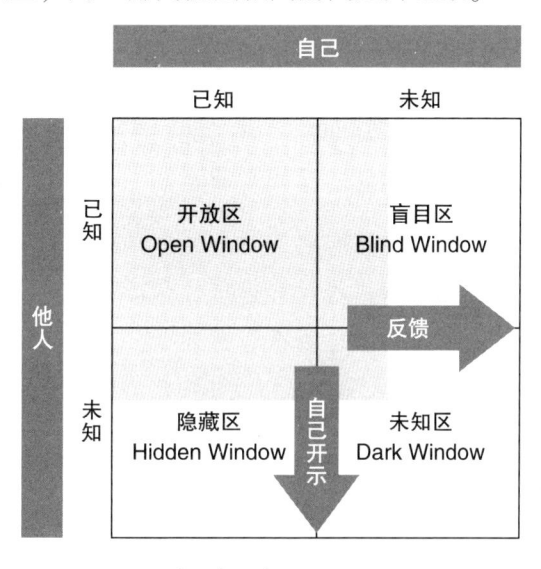

图 3-25　乔哈里资讯窗（Johari Window）

[注：这个概念最初是由乔瑟夫·勒夫（Joseph Luft）和哈里·英格拉姆（Harry Ingram）在 20 世纪 50 年代提出的，故以他俩的名字合并为这个概念的名称，当时他们正从事组织动力学的研究。]

（3）对话（Dialogue）(20人，用时超过60分钟，不需要准备物品)

在团队建设中，不一定要依靠语言，但是很重要的一点，是让团队成员了解团队行动的目标和行为规范。要达到这个目的最好的方法就是对话。

在我们平时的生活中大部分对话都是"社交语言"和"讨论"（Discussion）。前者是为了交流而进行的对话，后者则是为了调整意见，做出决定，或者统一团队意见而进行的对话。

与之相对，在对话练习中我们要探索对话的意义，从而加深对彼此思维方式的理解。大家单纯地站在谈话的立场，把所有的意见当成一种假设，没有正确与错误之分，也无需判断意见的好坏，并且不需要追求任何结果。大家共同把假设提升到一定的高度，并进一步探索其隐藏在深处的含义。

1) 选择话题

选择话题时可以分为两种情况：一种是事先准备一个话题；另一种是随着对话的不断深入，选择大家都比较感兴趣的话题。如果是前者，为了加深相互理解，可以选择比较抽象、广泛的话题。例如：

①为什么必须实行变革？
②如何才能在团队中实现自我成长？
③我们能为社会提供什么？
④为什么过去很容易开心，现在变得不那么开心了？

2) 准备进入话题 Check In

活动组织者简单说明对话活动的目的和活动方式。具体做法请参照第3章第1节。

3) 对话开始

活动开始后，大家要遵守以下活动方式并不断地深入话题。"尊重他人意见"，"保留一切假设"，"不断探索话题含义"，"坚持自己的主张"。即使是非常熟悉的双方，也要像初次见面一样，耐心地倾听对方的意见。并且在倾听的基础上，站在对方的立场来考虑问题。

进一步，如果能在活动中不断地激发新的想法，不断地思索怎样才能促使话题更加深入，一定会有意想不到的新发现。

4）结尾

在对话活动中不需要得出什么特别的结论，只要能够共同发现一些新的想法、意义、意识或者心情，那么活动就已经取得了预想的效果。只要能在活动中改变自己的想法，激发新的发现就说明活动取得了巨大的成功。仅仅是在活动中能够体验自由交流的感觉这一点，就可以说是巨大的收获了。如果活动时间充足，可以在结尾处加入总结（Check Out），通过对活动整个过程的回顾，来共同总结出需要改进的地方以及下次活动的主题。

活动成功与否的关键，在于是否能够打破常规的思考模式，脱离"追求成果(结论)"、"约定交流"、"黑白分明"、"互相驳斥"的思维习惯。为了避免以上情况，活动的主持人应适当控制活动过程，使交流转化为"不一味强调个人意见而是交换意见"，"不需要说服别人而要探索深层意义"的层面。

当对话顺利进行时，主持人应把活动的进展完全交给现场气氛，但是当活动即将违背规则或出现参与者彼此不理解的状况时，请适当控制一下活动的流程。

探索	勇于面对自己的想法和感受，把过去的经历和他人的发言作为启发，不断加深思考。
倾听	对他人的发言不能批判、评价和建议，而是要仔细倾听，从而探求更深一层的意义和感受。
共有	不能一味地追求意见的统一和正确答案的争论，尽量在活动的过程中体会不同意见间的联系，以及意见范围不断扩展的乐趣，将所有想法分享给每一个人。
记录	把瞬间的感受和想法记录下来，再不断地延伸和扩展思维领域。

图 3-26 对话活动的基本原则

（4）户外会议（Offside Meeting）（10人，用时超过60分钟，不需要准备物品）

"户外会议"的概念是柴田昌治先生(柴田昌治1959年毕业于名古屋大学法学部，原日本经济团体联合会副会长）所倡导的团队建设理念。主要内容是创造一个远离职场的空间，在轻松的氛围内共同商讨组织的问题。现在这个概念不仅在很多企业中使用，并且在大多数的组织中还取得了惊人的成果。

1）开场 Check In（自我介绍）

首先宣布活动规则，然后用30~60分钟的时间逐一进行自我介绍，通过向他人介绍自己以及认识他人的过程来建立彼此之间的联系。

2）自由讨论

通过自我介绍，大家互相建立了一定程度的了解，此时无需确定主题，大家可以针对公司或职场自由畅谈自己的不满和牢骚。把整个活动交给参与者自由发挥，不用注意话题是否离题，也不用注意是谁引起的导火线。

一旦大家把牢骚及不满的情绪发泄出来就会自然而然地产生积极向上的力量。在讨论中，互相拥有同感的人建立了信赖关系，同时也能增强团队的团结感，团队改革的时机会越来越成熟，话题也自然而然转向具体的讨论。

3）结束

这个活动与对话活动相同，不追求成果和结论，在讨论中建立彼此间的联系(团结感和信赖感）就是最大的成果。不需要大家一起得出任何的结论。在内容方面，即使没有得出确切的结论，也能通过活动使参与者呈现出一种蓄势待发的状态。

主持人在整个活动中不需要整理讨论意见，也不需要帮助解决问题。只要专注于督促大家按照活动规则来讨论和提高谈话质量就可以了。

如果感觉不积极的话题一直停不下来，可以适当地把握时机，通过提问的方式转换大家的注意力和思维方式，使抽象的讨论向具体的行动转变，这才是主持人最重要的作用和职责。

（5）国际咖啡馆（World Coffee）（不限制人数，用时超过60分钟，纸笔）

活动内容如名字所描述的那样，就是像在咖啡馆里面聊天一样。不同的是，参与者要来回移动座位。这样，虽然是少数人聊天，通过移动参与者的座位也能感觉是全体团队在对话。

1) 开场

把5~6人分成一组，以一个圆桌为中心围成一个圆圈，并在桌面上铺一张大纸。首先相同圆桌的人互相进行自我介绍。然后按照各自的喜好为每个圆桌起个名字(旅馆或店名)，并把名字写在纸的正中间。

2) 家庭对话

组织者宣布对话的主题，以圆桌为单位进行自由的讨论。选择主题的原则与对话活动相同，最好选择适合团队共同讨论的较大的主题(例如：我们追求的团队形象)。在对话期间，偶然想起的内容或印象深刻的内容都可以记录(涂鸦)在大纸上。记录方法自由选择，建议大家用各种颜色或图画来描绘。但是在活动中禁止私人记录，所有的记录都要保留在圆桌上。

3) 旅游目的地的对话

对话进行30分钟左右，每个圆桌都留下一个人，其余的人移动到其他圆桌，留下的人和移动的人都要在组成新的小组后，向大家介绍刚才上一个小组的对话内容。如果时间充足，可以反复重复移动座位的过程。

4) 再次家庭对话

结束了旅游目的地的对话之后，重新返回最初的圆桌。互相介绍在旅游目的地听到的话题，如果从中发现了大家的相同想法也要记录在桌子上。

5) 全体成员共同对话

最后，收集各个桌子上的纸并贴在会场的前面。全体成员呈扇形坐在纸的对面，一边观察纸上记录的内容一边回顾此次活动的过程。在回顾中不要求得出什么结论，只需要大家共同探讨一下是否有新的发现和想法。

在国际咖啡馆活动中，可以把在旅游地听到的新鲜事，当作礼物带给原来小组的伙伴，这样能够使大家顿时产生意外的团结力量，极大地增强彼此之间的交流。

另外，此活动最能够显著发挥作用的场合是一年一次的年会或推广会，或者是在企业合并时各个组织组合在一起，彼此都是初次见面的场合。活动结束时，团队伙伴间的一体感一定会得到很大的提高。

这是一个非常优秀的活动，用来提高团队成员的团结意识。不仅可以用于制定团队目标的场合，还可以用于新组建的团队，并在短时间内能够建立团队关系和团队意识。

图 3-27　国际咖啡馆

3 更有效地运用团队建设活动

❖ 破冰活动与团队建设练习的心得

在这些活动中,一定会存在以下状况:

①会给少数一部分人留有不愉快的印象。

②带有身体接触的活动同时也伴随着一定的危险性。

③在活动中存在一些对于儿童、女性、老人、残疾人来说比较困难的要求。

④团队建设活动中有可能诱发参与者过多地向大家展示自己,从而造成困扰。

在团队建设活动中,如果方法错误,不但会给个人造成伤害,还有可能反过来减弱团队的凝聚力。因此,在开展团队建设活动时,组织者一定要创造出一个安心的活动氛围。具体来说,应严格遵守以下三个原则。

(1) 互相尊重

在团队建设活动中,应该坦率地表达自己的想法(感受),并互相重视彼此的意见,如果不做到这一点,活动就难以达到预期的效果。当团队中存在对个人或他人不尊重的现象时,全体团队成员应共同努力来改变这样的状况。因此,我们不能害怕对立关系的产生,反而应该利用对立来互相约束,团队之间共同依据此原则(Full Value Contract 全方位价值契约),组织者与全体参加人员共同遵守,创造安心的团队建设环境。

(2) 自愿参与,不强制

在团队活动中应该尊重每个团队成员的自主性,自愿选择是否参加团队建设活动,这是团队活动的原则(Challenge by Choice 自愿选择参与)。自愿参加的人自由参加,不愿意参加的人不能强制其参加。为了创造一个安心的氛围，不参加活动的这一选择也应该视为一种个性，特别是有身体接触的活动或者需要进行自我分析的活动。

首先要说明活动的主旨，询问大家是否参与。对于不参与的人可以说："不需要勉强参加，可以在一旁观看活动进行。"活动结束后，询问未参加的人有何感想，如果没有感想也没关系，观看者随着观看次数的增加，对活动的抵抗感也会逐渐弱化。

同样，在进行自我分析时，向大家公开展示的分寸由分析者自己把握，注意不能勉强参与者向大家完全展示自己。

（3）阶段性地逐步提高

团队建设活动的原则是逐渐由简入深，一开始的难易程度是即使初次见面的人也能轻松完成，逐渐发展成为需要一定信赖感作为基础的活动。如果一开始就进行比较有难度的练习，不但会引起大家的抵抗情绪，更完全达不到所需要的效果。特别是有一定危险性的练习，需要建立一定的信赖感之后才能开展。

图 3-28　团队建设活动的心得

另外，如果从最简单的阶段开始开展活动，一旦失败会对今后活动的开展带来更大的阻碍，因此，应该有目的地安排第一次活动的难易度，从有一点难度的阶段开始，即使失败了，也可以再重新从更简单的阶段再次开展活动，这样更易于让人接受。

对于比较消极的人来说，组织者和全体队友的督促是必不可少的，组织者和队友要通过自身的态度和语言表现出积极的一面，并带动他人的兴趣。

❖ **失败案例以及解决方法**

偶尔有人会说："虽然参加了团队的破冰活动，但是团队情绪完全没有带动起来。"对于有这样经历的人，我们介绍以下几种具有代表性的失败案例并提出解决方法以供参考。

(1) 组织者自身没有达到破冰活动的要求

在破冰环节，即使大家的气氛得到缓和，如果组织者自身存有紧张感，活动也无法达到理想的效果。如果组织者紧张，那么大家也会紧张，只有组织者放松下来，会场整体的气氛才能更加缓和和放松。因此，在开展破冰活动时，组织者充分放松心态是非常关键的。

即使如此，有的组织者还是会非常紧张。此时，可以尝试着向大家直言不讳地说出"我感觉非常紧张"，"有点担心活动能否顺利进行"，像这样直接表达自己的想法，与大家分享当时的心情，反而会使大家的气氛放松下来。

如果这样也不行的话，可以暂时进行一下自我介绍，一直到心情放松下来为止（自我介绍时应敞开心扉，不要故意隐瞒）。自我介绍也是自己对自己开展的一个破冰活动。

(2) 没有充分传达活动要领

本书所介绍的活动，如果不能按照正确的方法开展，不但不能达到缓和团队气氛的效果，反而会使场面更加尴尬。即使是一些小细节没有安排好也会冷场。另外就是活动的流程安排不紧密的话会造成空场。

如果没有十足的自信和把握最好不要尝试临场发挥。在开展活动之前，一定要事先排练尝试，把每一个环节都记在脑海中。事先练习有助于活动更加顺利地进行。

此外，活动中开展的环节往往是平时大家没有经历过的，因此现场组织者是否能够把活动内容明确传达给整个团队是非常关键的。每个人理解能力和思维方式各不相同，一旦开始时就散漫混乱的话会一发不可收拾。活动开始前,请统一全体成员的脚步,确认每个成员了解活动的内容和意义后,再一步一步开展活动。

(3) 没有掌握好时机

如果不能准确地把握时机,那么精心安排的活动也无法发挥理想的效果。请确认现场的状况,把握最佳时机开展活动。

像"Check In"这样在团队中互相进行自我分析的活动,应该尽快地开始活动,这样可以尽可能地缩短大家处于紧张状态的时间。如果活动开始前,解释过程的时间过长,反而更加难以调动大家的情绪。因此,请大家记住破冰活动的一个小秘诀,就是"尽量提前开始活动的时间"。

但是,如果团队成员表情很不愉快,双手也交叉在胸前,处于一种抵抗情绪的气氛中时,即使开始了活动也只能得到大家的反感。此时可以暂时适应现场的气氛,通过巧妙的说话技巧来缓解现场的紧张气氛,然后再开展活动。这种做法被称为"Pace&Lead"(进度与领导)。

无论如何,要想顺利开展活动,必须彻底确认现场状况,选择适当的时机。如果现场气氛过于尴尬,则会反过来妨碍大家彼此敞开心扉。因此,请确认现场情况后再开展活动。

❖ 一起来学习自己独有的个性和技巧

本书中介绍的活动内容只能算是一个剧本,是否能够发挥作用还要看由谁来组织活动,如何组织,组织者不同效果也完全不同。

同样的活动,组织方法却因人而异,各有不同。有的人只需要一句"大家好,我是某某",就可以使全场的气氛顿时欢快起来,就像专业演员一样,能够把大家的心弦一下带到最高涨的位置。有的人会一边平静地对话,一边激发大家敞开心扉地交流。也有的人就像是相声演员一样,谈话中有捧哏也有逗哏,一点点激发全场的热情。

团队建设要想发挥理想的效果,就要把自己的个性与技巧,巧妙地运用到活动中。为了能有效地开展热烈而有激情的团队活动,让我们大家一起来学习自己独有的个性和技巧吧！

因此，我们不需要一味地学习新的团队活动方法，而是要扎实地保证每个活动的实际效果。找到自己擅长的活动技巧，确保在任何时候都能发挥理想的效果。这样，当你掌握到十个左右的活动方法时，就可以灵活应对各种场面了。

另外，在进行团队建设时，不要千方百计不断地尝试各种方法，应该把每一种方法都当作自己真实使用的现场活动来练习，不能急于一时，"等待"是事物由青涩到成熟的重要手段。大家应该掌握两种类型的组织方式：一是督促和引出，唤起大家的激情；二是耐心地诱导，等待自然流露的气氛。

图3-29　一起来学习自己独有的个性和技巧吧

※本章中介绍的团队建设的方法是作者平时工作中经常用到的方法和技巧，因不知道原作者的姓名，所以无法标注各个方法的出处。在此，对以上活动开发者的智慧和努力表示深切的敬意。

第4章

实践篇
促进团队建设

1　举办小型会议

2　举办集训研讨会

3　实施参加型培训活动

4　设立新项目

5　促进科室或小组等小团队更具活力

6　举办大型集会

7　促进各行业交流会持续举办

8　促进自治会等区域组织发挥更大的作用

❖下面我们来一起观察一下团队建设的现场

到此为止，我们讲述了团队建设的基本思考方法并介绍了各种各样的活动内容和技巧。如果能够熟练掌握并灵活搭配运用这些方法，应该可以完成具有个人特色的独特的团队建设。

但是，仅仅凭借这些理论和技巧，可能很多人都难以联想到实际的气氛和感觉。而且，在团队建设时，只运用其中一个或两个方法，很难立刻看到明显的效果。就像本书第1章中所叙述的那样，绝对不能把团队建设活动只当作一个新颖的、有趣味性的活动。

在本章中，将以几个具有代表性的场面为背景，为大家介绍进行团队建设的具体方法。

❖具有代表性的八个场面

下面要介绍的例子，包含了第1章中四种类型的团队建设场面。在这些实例中使用的技巧也同样能够用到其他场面中去，请大家灵活思考，不要太死板，把以下例子当作具有代表性的场面，吸收其中的精华部分。

①举办小型会议（会议类型）。

②举办集训研讨会（会议类型）。

③实施参加型培训活动（会议类型）。

④设立新项目（项目类型）。

⑤促进科室或小组等小团队更具活力（安定组织类型）。

⑥举办大型集会（安定组织类型）。

⑦促进各行业交流会持续举办（委员会类型）。

⑧促进自治会等区域组织发挥更大的作用（委员会类型）。

以下将要介绍的实例，在左侧都设有标注，根据标注的章节查找之前所介绍的内容。这样就更加容易理解第 3 章和附录中介绍的方法，并灵活地联想到各种实践场景。此时，不能只关注活动方法本身，还要把第 1 章和第 2 章中学习的有关团队建设的要点归纳进去并认真地掌握，例如设定目标、选择团队成员等。

在此基础上，我们不仅要思考各个事项和活动所适合的场景，还应该从实践出发，由思考到实施，把整个过程的每个细节都进行思考并理解。右侧页面的解说与左侧相对应，细致分析了实际例子中的内容。

图 4-1　实践各种团队建设的方法

相信大家会遇到很多比本书例子中更复杂、难度更大的场面。若完全按照本书介绍的方法去做，也一定会有一些解决不了的难题。那么，请大家充分理解，掌握基本的思考方法，并与自己的实际情况相结合，不断努力创新，把各种方法灵活搭配到各种场面中去。本章的目的就是为大家能够在各种各样的场面中灵活地开展团队建设活动而打下坚实的基础。

实践篇

1 举办小型会议

T先生属于公司的市场部,主要负责两年前上市的产品HKK-07。平时的工作就是定期到各分店视察,并在分店会议中为大家传达销售策略。但是,会议气氛总是很沉闷,甚至有睡觉的人。我们的目标就是能否使T先生组织的会议变得更加有乐趣呢?

实际例子

团队活动的框架
→第1章 第3节

● 首先传达会议所要达到的成果
在会议开头,向大家传达以下内容,"今天不仅要给大家介绍销售策略,还要让各个区域的销售团队分别选出促进销售的三个重要措施,因此,我会尽量缩短我的发言,为下一部分留出充裕的时间"。

Consensus Game
→第3章 第2节

● 利用Consensus Game(共识游戏)来更加深入地挖掘问题
由T先生简单介绍七种总部的销售策略。通过Consensus Game的形式,让各个区域的销售团队分别选出三项重点策略。

自由选择座位
→第2章 第3节

● 为思考创造轻松的环境
在思考过程中,各个销售团队可以自由移动到喜欢的场地,同时分发便签纸和笔,建议大家把各自的答案写在便签纸上并贴在墙上,这样更加便于讨论。

饮料食物
→第2章 第3节

此时,T先生可以给大家发糖果,"今天活动要用脑思考的,大家要多补充点葡萄糖",在会议中营造轻松的气氛,使会场有喧闹声和笑声,形成有活力的交流气氛。

〈团队建设的要点〉

团队活动构成	明确传达会议的目标和规则。
团队成员	以小团队的形式进行高密度的讨论。
场所・环境	使用糖果等小道具打造充分放松的环境。
关系性	通过Consensus Game（共识游戏）建立团队的统一意识。

解说

● 准确传达开展团队活动的方式和活动的框架结构

　　首先需要改变自己单方面介绍后就放任不管的形式。如果不准确地向团队提示活动的流程，即使开始讨论，团队成员也会不知所措。因此，需要在活动最初给大家做好预告，使团队成员有以下心理准备："团队活动可能要做一些与众不同的事情吧？"

● 通过游戏的趣味性促进团队成员彼此倾听

　　在普通的讨论中，往往很容易变成团队领导或优秀的营业员一个人的舞台。如果开展Consensus Game，则可以给大家表明自己意见的机会，并且在与他人达成意见一致的过程中消除抵抗感，达到互相倾听的目的。大家会感觉到"能在团队活动中重视每个人的意见，彼此交流达成理解真的很难得"。

理解与同感
→第2章 第4节

● 创造热闹的气氛

　　开展团队活动时，应尽量打造热闹的环境。但是，在分店会议中要想大幅度地改变桌椅的摆放有一定的困难，在这样的限制条件下，T先生可以说是下了很大的功夫。他有意识地使团队成员在会议环境中自由移动，并通过一些小道具创造放松、热闹的环境。

会场布局
→第2章 第3节

实践篇

123

2 举办集训研讨会

K先生的工作部门进行了大规模的组织变革。原来两个大的产品开发部门统合成了一个整体。

首先人员数量就已经达到50人,虽然不是很多,但之前有的人在其他楼层工作,团队成员彼此之间除了个人联系没有任何团队意识。另外就是很多人都认为,这种一分为二的模式还会持续下去,以后仍然会继续分开工作。另一方面,大家对两个团体如何共同工作也没有任何的概念。

K先生接到部长的命令,要组织一个作为新部门诞生第一步的研讨会。

团队活动的框架
→第2章 第1节

过程
→第2章 第1节

规则
→第2章 第1节

> **实际例子**
>
> ●三天研讨会的计划
> K先生首先与部长商量确定了研讨会的目标以及研讨会的流程。
> 目标主要包括以下几项:
> 　促进团队成员彼此熟悉,缩短彼此之间的心理距离。
> 　统一新部门的方向性。
> 　使团队成员达成具体行动的决心。
> 看起来似乎是一个很贪心的计划啊!
> K先生认为一天的研讨会不能解决问题,因此首先组织了一个为期两天的研讨会。隔一个月后再举办为期一天的研讨会。
> 事先向大家传达以下事项:
> 　不是演讲或培训,没有老师。
> 　不是单方面听取的场所,需要大家共同思考。
> 　由于以上两个目标,需要大家带有充分的自主性来参加研讨会。

〈团队建设的要点〉

团队活动构成	看清目标确保适当的时间，在团队活动前就下功夫把团队成员带到团队活动中来。
团队成员	优先考虑全体成员参加，提高团队整体感的同时不忘记加入一些个性不同的成员。
场所·环境	营造与平时不同的气氛，在轻松的气氛中进行自由讨论。
关系性	为团队建设活动提供充足的时间，通过团体合作和具体成果来提高团队意识。

解说

●不是培训，是研讨会

　　首先必须设计活动的整体理念。团队建设的各个要素可以在这之后再考虑。这次活动的目的不仅仅是促进团队成员之间的关系，还要使每个人都对自己的课题持有充分的认识。

　　在活动中，需要根据实际状况粗略地估计一下必要的时间，如果单方面地追求效率而勉强在短时间内结束活动的话，只能给参加者留下"事先已经安排好讨论的结果，大家都被团队组织者推着走"的印象。

　　另外，活动开始前要准确传达活动的目的和方法，使大家做好充足的心理准备。对于那些不了解"研讨会是什么"的人最好是令其明确研讨会的概念，在这里需要注意的是，经常会有人混淆研讨会与培训的概念。

　　如果想进一步追求研讨会的效果，也可以在两次研讨会之间的一个月的时间里，做出少数团队互相见习的企划方案。

合作工作
→第2章 第4节

实际例子

●新部门全体参加研讨会
　　刚统合在一起的新部门全体成员都要参加研讨会。此外，因为此次部门统合是为了增强销售力量，在研讨会中还需要3~4名销售企划及销售负责人参加。

●打造轻松自然的气氛
　　研讨会的前两天活动是在公司外部，利用公司的外部设施进行的。是一个与公园相连接的地方。

空间布置（布局）
→第2章 第3节

　　选择一个比较宽敞的会场，把50个人按每5个人分为1组，共10组，会场要正好能够容纳50个人排成扇形的格局。此外，把模造纸贴在墙上，不需要白板和用于说明资料的设备。

　　要求大家穿着便服参加研讨会，尤其是管理职位的领导，部长一定要认真叮嘱不能穿西服参加研讨会。研讨会当天应准备糖果和咖啡，摆放在随手能拿到的位置。另外还需要准备发言时用的小旗和较大的姓名卡。

小道具
→第2章 第3节

●自我介绍后分组
　　活动开始时首先要说明活动的主旨，然后请大家在姓名卡上填写自己的名字并利用姓名卡进行自我介绍。之后进行"握手链"活动。通过在活动中互相称呼对方的姓名，提高团队成员的亲密度，大家不断移动的活动气氛也能增加会场的活力。

握手链
→第3章 第1节

　　下面按照生日顺序排列（按月和日就可以），从头开始每五个人组成一组并排列成岛形。

排列
→第3章 第1节
转换场景
→第2章 第3节

　　分组后，为了增进团队成员间的了解，利用五分钟左右的时间以小组为单位做进一步的自我介绍。

解说

●像这样的例子就下定决心全员参加吧

由于处于组织变革的特殊时期，因此不希望新部门的活动有参加的也有不参加的，全员一起参加是最优先考虑的条件。虽然说新部门原来是分成两部分的，但是从开发产品的角度来看，大家都处于同一个领域。同时在活动中加入销售人员，可以期待为活动带来新的观点和看法。

全员参加
→第2章 第2节

集合多样性格的成员
→第2章 第2节

●创造与平时会议不同的环境

要表达这个概念不能只用语言传达，还要合理地利用其他的渠道。如果只是不断地呼吁"请大家自主参加"，只能给人留下被动的印象。如果打造一个与平时会议不同的环境氛围，可以使参加者自然而然地开始交流和沟通。

为了打造一个轻松的环境，可以在环境设计上利用一些小道具来转换大家的情绪。例如，把场所移到室外，改变发表意见的方法，穿着不同的服装，加入娱乐感，或一边吃糖果一边开会等。

设计团队活动的环境
→第2章 第3节

●利用大家都熟知的活动来缓和会场气氛

集训研讨会与平时的会议和培训不同，拥有更加充裕的时间。活动的第一目的就是：使大家彼此认识，缩短心理距离。因此首先要为自我介绍准备充足的时间。

但是，长时间的自我介绍会让人觉得枯燥，最好选择一些带有游戏感的活动来完成自我介绍环节。例如，"生日排列"或"人形矩阵"。如果在活动中发现生日相同的成员，会使团队气氛顿时热烈起来。

愉快地进行自我介绍
→第3章 第1节

人形矩阵
→第3章 第1节

实践篇

127

实际例子

● 开展带有身体运动的活动

在开始认识团队现状的阶段,我们利用"亲和图法"来统一各个小组的意见。

到了晚上,结束了第一天的程序,团队一起以"Pair Walk"来结束一天的活动。

团队活动第二天,为了让团队成员体验一下对立感,在团队中开展"争椅子"的游戏。让大家体验因为一点小事就可能引起对立情绪,并且开始思考克服对立的技巧。

● 通过未来报纸活动建立团队整体目标

第二天的中心活动是"未来报纸"。在未来报纸中预见"三年后新部门的变化"。以五个人的小组为中心,大概花费90分钟左右的时间,之后发表未来报纸内容的时间要非常充裕。在未来报纸的内容中,各种报道都要体现"要是把迄今为止分散的技术融合在一起,就不会败给竞争对手Q公司",通过这样的方式使大家对团队未来的前景更加明确。

发表结束之后,两三个人组成一组共同讨论"新部门最终应该发展成怎样的开发团体"。以报纸内容为基础,思考团队的口号或标语。像"一流的开发团体"这样口号太普通了,要用最精炼的语言仔细推敲。小团队在思考口号时,可以去吸烟室也可以去户外,可以任意选择喜欢的场所。

本次活动,大家在互相发表想法时,都完美地表达了团队现在应该努力的前景,大家的脸上也闪耀着满意的笑容。

亲和图法
→第3章 第2节

Pair Walk
→第3章 第2节

争椅子
→附录

未来报纸
→第3章 第2节

设立小目标
→第2章 第2节

随机应变
→第2章 第3节

解说

● 深入到亲身实践中

　　通常来讲，相互间越熟悉，越易于交流和理解，讨论也易于深入主题。但是，当讨论到重要的地方时，就容易忘记相互协作，而开始出现诸如"这个地方就应该是……"等高谈阔论。为了防止这种情形的出现，就需要借助一些工具或调动其积极性的方法。

　　便签纸就是一个很重要的工具。使用便签纸的时候，大家需要动手操作，很容易形成一种协作的氛围。并且，便签纸的另一大优点，是能帮助平时不敢说话的人，阐明自己的观点。这样就不必特别说明"要尊重少数人的意见"了。

　　另外，有时不能只做脑部活动，更要适时地用身体，亲身感受相互支持或是对立的感觉。但要注意，开发部的一本正经的员工可能并不熟悉"争椅子"的游戏，坦率地进行"Consensus Game共识游戏"也不失为一个好的选择。

Consensus Game
→第3章 第2节

● 将前景形象化

　　如果团队有一个集体为之努力而共同奋斗的目标，团队的凝聚力就会有很大的提升。话虽如此，但是在现实中，一问到"这个部门的前景是什么"的时候，大家却通常会哑口无言。因此，要靠"未来的报纸"这样形象化的方法，来激发团队的斗志。

　　另外，团队作业的规模也需要慎重考虑。一般推荐5～7人的小组来完成烦琐的、需要合作的任务；而需要深入研究的任务，2～4人的团队更为适合。

　　再进一步，最好让作业者本人选择工作环境，尽最大可能地调动其主观能动性。

团队规模
→第2章 第2节

实践篇

实际例子

●展示讨论成果

这是像未来的报纸一样，展示讨论成果的活动。讨论结束之后首先要发表各自的意见，为了使成果更加具体化，要发动大家把所有的讨论成果都贴在墙上。

由小组讨论得出的口号或标语用粗笔写在A3纸上并一排一排地贴在墙上。这样自然会有人在休息时间看着标语进行讨论。

●团队活动的成果可以成为下次活动的材料

在第一次研讨会中，通过讨论得出了一个团队意见，那就是"在下次研讨会前的一个月时间里，开发部门的人要与销售员一起体验销售经历"。意见得出后立刻付诸于行动，那么下次活动的内容就可以由讨论销售经历的感想开始。

解说

● 共同体验成果

"原来我们策划出了这些,做成了这么多事啊。"如果员工能有这种感觉,就会产生很强的成就感,然后转化成继续工作的动力。绝不能让员工仅仅停留在"快乐"的层面上。

所以这种时候,不能仅仅是口头上,走形式似地确认"得出了这样的结论"。很重要的一点,是要让员工能用眼睛看到工作的成果。将成果一个一个地展示出来,对于激励员工会有很好的效果。

演绎空间
→第2章 第3节

● 站在对方的立场上深入地相互理解

即使是模拟的也好,站在对方的立场上看问题,会带来新的发现,也会加深对彼此的理解。在这一点上,花时间全力开展"乔哈里咨询窗"是有好处的。

乔哈里咨询窗
→第3章 第2节

而体验过后,员工应当分享体验感想。从回顾自己的亲身体验中,总结出经验和教训,以继续进行之后的行动。

并且,交换感想时,必须要全员平等地阐述。为了培养大家的交流能力,适当地进行交流。感想交换可以参考"对话"进行。

自我分析
→第2章 第4节

对话
→第3章 第2节

实践篇

3　实施参加型培训活动

M 先生属于销售企划部，主要负责组织销售部门的培训活动。4 月份的一天，部长发出了以下命令："最近我们的职员都不愿意动脑筋了，今年要实施一个需要动脑又能流汗的培训企划。嗯……就以 30 多岁的中坚力量为中心吧。培训老是单方面的讲课可不行。"

在过去的培训中，也象征性地加入过一些团体讨论，但是都没有发挥什么效果。M 先生认为应该在提高听课人员的参与意识上下功夫。

实际例子

●培训名称要满足参加人员的需求

为了了解本次培训的主体"30 多岁的中坚力量"，首先针对这些人的需求做了一些内部调查。经过调查发现，大家普遍抱有这样的烦恼，"如何正确传达自己想说的事情"，"如何应对上司的托词"。因此，培训的主题就定为"熟练进行逻辑思考"。

培训的名称不用"逻辑思考培训"，而是选择了"逻辑思考技巧学堂"。参加人员预定为 12~20 人。

在培训活动中，加入了充足的团队建设时间。

〈团队活动的要点〉

团队活动构成	迎合参加者的需求，使参加者对活动的主题感兴趣，并由参加者自身来决定活动的规则。
团队成员	虽然活动的形式是小组讨论，但是可以适当地替换各个小组的成员，也可以赋予成员单独思考的机会。
场所·环境	为了适应不同阶段的活动特色，可以不断变换场所的设计，根据活动流程来打造一次有活力的培训活动。
关系性	首先从互相认识开始，一点点地增加难度，逐渐开展团队成员间的竞赛。

解说

● 活动设计决定成败

为了吸引更多的人参加，培训的内容必须符合参加者的兴趣和要求。对活动对象开展调查的出发点就在于，要提供有吸引力的培训内容。

很多人一听到"培训"这个词，就很容易失去主动性，变成了被动的接受方。为了使大家能够更开心地加入到活动中，首先从名字开始，就要消除大家对以往培训的印象。大家因为对名字感兴趣而来参加活动，不但能够避免参加者水平参差不齐，还会使组织者更易于抓住整体的气氛，另外，活动的人数要设定在能够营造热闹氛围的数量之内。

最后，就是要确保整个活动用于促进团队建设的时间。不能有"团队建设只是娱乐，在培训空闲的时候加一点就可以"的感觉，而要在确定计划的时候就要把团队建设的时间加入到计划之中。

确保时间
→第1章 第2节

实践篇

133

实际例子

●在不大的房间内排成岛形小组

　　为了改善环境和活跃气氛，我们使用了外部研修设施。

　　在选择会议场所时，我们提出了两个方案：一是宽敞的房间，二是小巧舒适的房间。根据现场实地考察，我们最终选择了小型房间。

考察现场
→第2章 第3节

　　参加人员共有20名，用桌子排成4个小岛的形状，并给每个小组配置5把椅子。安排完之后，人员各自坐下来，大家可以自由选择位置并适当调整彼此之间的距离以及与白板的距离，以便能够使每个人都看清白板。每个岛形小组由三个长桌子相互拼凑在一起组成。

布局
→第2章 第3节

检验视野
→第2章 第3节

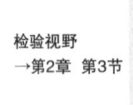

●通过培训为大家建立心理准备并规范活动的准则

　　首先向大家传达"逻辑思考技巧学堂"的目的，内容概况，以及希望大家努力的方向，为大家即将参加的活动建立了一定的心理准备。在为大家树立的心理准备中，特别强调了"本次活动不是单方面的听课，而是大家以小组的形式共同讨论所学到的知识，并且要积极参与团体交流"。为了尽可能缩短授课说明时间，授课者M先生在上课的前一天就已经把全部内容背得滚瓜烂熟了。

确定活动方针
→第2章 第1节

　　最后，我们谈到了备受关注的手机问题，M先生问了听课者的意见："上课时可否使用手机呢？"大家认为："活动本身有很多的休息时间，上课时应把手机关机。"这条意见得到了大家的认可并制定了

134

解说

●精心安排会场打造活跃的气氛

　　尽量选择能使小组活动的开展变得轻松舒适的环境。

　　首先需要注意的就是，需要根据人数来选择适当大小的房间。并不是说房间越大越好，如果房间过大，反而会使大家好不容易迸发出来的精神被空旷的空间所吸收，难以产生活跃热闹的氛围。

　　在考虑小组规模时，经验上一个小组的人数一旦超过7个人，偷懒的人数就会激增。因此，基本原则为5~6个人一个小组。

　　另外，房间氛围不可忽视，因此我们要好好考虑一下桌子和椅子，白板的相互搭配，空调的功能，使用状况以及墙面的用途。这些很容易被忽视的方面我们要多加关注。

　　但是，为何要用三个桌子构成一个小组呢？也许是考虑要在桌子上完成某些工作，如果要再近一点，可以改为两个桌子组成一组，这样可以拉近人与人之间的距离，也是不错的选择。

　　通过在各个方面下功夫，不但缩短了团队成员相互之间的距离，还大大增进了彼此的亲密度，同时能够营造出活跃的团队气氛。

团队规模
→第2章 第2节

选择房间
→第2章 第3节

缩短距离感
→第2章 第3节

●通过统一对活动及规则的认识，使活动更加顺利地开展

　　如果大家能够在活动最初，了解培训的内容以及活动流程，就会更加清楚自己在活动中的定位，使活动更加顺利地进行。

　　但是，负责说明的人并不能做单方面的演说，说明越是冗长，听课者就会越不耐烦并且会变得越来越被动。

　　而且，授课者不需要把整个流程以及各个事项都单方面地决定下来。应该充分调动听课者的自主性，这样可以提高大家的参与意识和责任感。

尽量使大家都能看见
→第2章 第1节

促进大家积极参加
→第2章 第1节

实践篇

135

实际例子

●Check In与寻找共同点

　　首先全体成员共同行动把椅子围成一个圆圈，开始进行一人一句话的"Check In"活动。此时向大家宣布时间限制，"每人40秒左右，如果时间过长主持人会举手暗示"。

　　下面，参加者都站起来，开展"寻找共同点"的活动。之后，以"无法进行逻辑思考的情形"为主题以各个小组为单位开展自由讨论。

Check In
→第3章 第1节

寻找共同点
→第3章 第1节

●通过小组对抗来开展动脑活动

　　结束了最初的准备活动，我们即将进入真正的小组讨论。

　　首先在十分钟内确定各个小组的名称。大家开始了一场真正的讨论，认真的表情就像小孩一样。最后根据各个小组的特色定下来小组的名称。

　　接下来，开展与逻辑思考有关联的"费米推断"活动，在小组成员间展开了激烈的辩论。

　　最后，大家发表完结果，进入提问时间，并不是立刻提出问题，而是首先在小组内提出各自的问题，经过分析筛选后，选出大家都一致通过的问题。

决定小组名称
→附录

费米推断
→第3章 第2节

解说

● **在正式进入讨论前先建立会场气氛**

活动开始时，不要直接进入主题，如果不能消除彼此之间的紧张感，即使进入实际的讨论阶段也不会有热烈讨论的气氛。

因此在活动开始时，首先组织大家进行自我介绍。大家千万不要轻视自我介绍的作用。可以采取组成圆形队阵的方法或指定自我介绍的主题，通过各种各样的方式，促进自我介绍环节更加轻松愉快地进行。为了避免个别人自我介绍时间过长，应采取方法掌控时间。

在此基础上，应尽量保证大家在同等的立场进行发言，尽量避开有人熟悉有人陌生的题目，消除参加者彼此之间的差别，选择大家拥有同等认识的主题。首先设置小组讨论的时间，让大家在小组讨论中体验一下全体讨论的气氛，讨论的主题最好与培训的主题有一定的相关性。

破冰活动
→第2章 第4节

组成圆形
→第2章 第3节

● **通过开展团体协作的活动建立合作意识**

在这种参与性的培训中，不仅需要参加者个体积极地参加，团体合作也在很大程度上影响着整个活动的效果。进入正式讨论前，先通过团体合作的活动来一次"模拟演习"，此时应选择简单而且能够带给大家成就感的活动。

之后开始团队工作，打造团队合作的氛围和活动规则，这样团队成员会在合作中逐渐建立团队意识。

首先先尝试
→第2章 第1节
共同合作
→第2章 第4节

实践篇

实践事例

●加深个人思考

在团体讨论之前，留出了个人单独思考的时间，并把要求大家把自己的想法写下来。同时为大家准备了书写用纸。

●活动身体转换气氛

在活动过程中，适当安排了休息时间，在休息时间大家共同做体操。M先生事先学习了简单体操的要领，并且早就开始练习了。

另外，在研修过程中想把现有的成果全体共享时，采取了国际咖啡馆的方法。"一个桌子留下一个人，其他的人分散到其他各个小组的桌子，互相介绍讨论成果。"

转换气氛
→P.188

国际咖啡馆
→P.120

●大圆满结束

活动结束后的问卷调查中，大家给出了很多积极的好评。"迄今为止最新鲜的培训""在培训中不会让人感觉困倦，非常有趣""参加后，明白了原来培训是一件那么愉快的事情""希望能够继续学习"等，M先生认为通过这次培训，在传达培训内容的同时还达到了增强团队力量的效果。

解说

● 主体参加的最小单位为1人

不要一味的要求团体讨论，只把重点放在团体讨论中是不可行的。为了确保每个人参加讨论的个体主动性，首先应确保个人单独思考的时间。

如果立刻开始团体讨论，会有人因为没有整理好自己的想法，而无法参与讨论。因此，通过确保个体思考时间，把自己的想法整理并记录的过程，会极大的提高个人主动加入讨论的热情。

● 打破惯有的场面转换心情

在活动中，偶尔加入一些运动可以转换活动的气氛和参与者的心情。这样，不但可以使参与者更加放松，还可以重新激发干劲和热情，驱除困倦的感觉。

另外，在活动进行过程中中途改变分组方式也能起到转换心情的效果。令会场变得更加热闹，并且能够使全体人员共同分享小组讨论的成果。同时，还有一个附加效果，就是可以使团队成员认识更多的同伴。

最重要的就是掌握不同的方法，根据活动的进程和气氛灵活应用，达到随机应变的效果。而不是从一开始就严格规定整个活动流程。

● 在现场达到学习的效果

可以说研修的成果与团队建设的效果是息息相关的。在人与人的相互作用过程中，能够学习到很多东西。

另外，只依靠一次研修并不能培养个人的能力，大家感受最深切的就是现场气氛，通过现场的感受发现新的目标、挖掘应该改善的方向，这才是培训的意义所在。

实践篇

4　设立新项目

H 先生是经营企划科科长。最近在 H 先生的公司中，由于员工们面临残酷的裁员压力，虽然公司业绩得到迅速上升，但其带来的负面影响却也大大影响了员工的气势，越来越多的员工开始抱怨压力太大。因此，身为领导的 H 先生发出通告，督促大家掌握员工的实际情况，并提出解决方案。此项目实施期间为六个月。那么，身为此项目的负责人，H 先生该如何计划进行团队建设呢。

	实际例子
活动的框架结构 →第1章　第3节	●与上司商量，制订全面计划 　　H先生首先与上司一起制订了项目的目的、目标、努力方针以及日程安排。例如，作为本次项目的目的，首先有意识地提出了为解决问题应做的准备。 　　①真实把握各阶层员工疲劳的状态。 　　②明确疲劳原因。 　　③精选出三个解决方案并获得管理层的批准。 　　在此阶段，对事态的把握很容易变成一种形式，变成简单的问卷调查，从而很难找到真正的原因。因此我们决定把下面这个方案作为行动方针之一。 　　与其广泛地调查，不如我们亲自与员工面对面交谈，聆听其内心深处的需求。
选择团队成员 →第2章　第2节	●从各部门召集各具特色的团队成员 　　在召集团队成员时，我们均衡地选择了人事人员1名、生产人员2名、营业人员2名、开发人员2名。包括H先生在内共计8名成员。其中女性为3名。并且灵活利用平时建立起的关系，不断聆听来自大家的各种意见，包括积极和消极的。此外，在询问意见的过程中，并非仅是坐在桌子前说空话，而是尽量一发现问题就亲自到现场去确认。

〈团队建设的要点〉

团队活动构成 活动的结构应事先设计好，并留出全员参与活动的空间。

团队成员 召集团队成员时应注意部门间的均衡，应同时利用发散和集中的方法。

场所·环境 缩小彼此之间的距离，使全员都能看清白板。

关系性 通过点名或他人介绍等方式，创造主动、平等的发言氛围，一点点地积累合作经验。

解说

●避免将计划安排过密

在活动初始阶段，应向大家介绍活动的整体概念，以此来获得相关部门的认可并召集活动成员。此外，如果与上司共同企划活动方案，还可以有效杜绝与上司之间的意见分歧，例如"我们期待的并不是那样的项目"等。

另一方面，不要制订过于精密的日程安排。在现阶段，只要将活动的总体构想传达给上司和成员们即可，如果制订了过于精密的计划，就会抑制团队成员们提出新构想的主动性。

避免活动日程过于精细
→第2章 第1节

与制订精确的日程安排相比，我们更应着力于推敲用词，如何更好地表现目标或方针。不能用"现状调查"这样枯燥无味的词语，而应努力斟酌最能阐述我们计划的词汇。

仔细斟酌语言的表达方式
→第2章 第1节

●不遗漏任何相关部门

我们应该注意与参与项目的各个相关部门保持联系。虽说在本案例的公司中，人事部门并没有得到太多关注，但请注意不要忽略人事部门的存在。此外，我们应该意识到男女职员由于性别不同，引起疲劳和压力的原因也会存在很大的差异，因此必须结合双方的不同观点。另外，如果活动人员人数过多会对项目的进行造成阻碍，所以活动人数限定为八名成员。并且尽可能确保项目中存在赞成派和反对派、长期志向和短期志向、中央集权志向和权限转让志向等多样性的主张和倾向。

召集多种多样的团队成员
→第2章 第2节

实践篇

141

实际例子

●事先与成员进行一对一的谈话

选择成员的过程
→第2章 第2节

从项目开始到启动会议之间还有富余的时间。H先生与选中的项目成员进行每人一小时的一对一的谈话。

在简短说明此次项目的背景及目标后，H先生认真倾听了每位成员的想法，以及他们倾诉的真实的心声，例如：现在工作实在是太忙了。从这些意见中，可以在一定程度上了解每个人的性格特点。

●全员发表会前感想并安排小组讨论

终于到了会议正式开始的时刻。

发表会前感言
→第3章 第1节

由他人介绍自己
→第3章 第1节

安排明亮的会场
→第2章 第2节

会议首先说明了活动的目的、目标、日程等，此时大家一定认为要立刻进入讨论环节了，但请稍安勿躁，我们要确保每个人都有发言的时间。首先，让参加会议的每个人发表会前感想，在此基础上分组进行"由他人介绍自己"的活动。不只是在会议启动的时候，之后的每次会议也将安排全员发表会前感言，并安排时间让大家互相倾诉想法，认真思考。当然，也可以举办小酒宴。

●安排U字形紧密的会场布局

会场布局
→第2章 第3节

在H先生的公司里有间大会议室，室内的桌子摆成大的口字型，可容纳30余人。若是平时可能会随意围桌而坐开始会议，但本项目仅有8名成员，为使成员坐得更紧密将桌子摆成了U字形。并且在大家都能看见的地方摆放了两块白板。

由于这样的摆放方式得到了大家的好评，第二次会议时也在大家的协助下将桌子重新紧密摆放。我们将基本讨论时间定为两个小时（必要时可增加到三个小时）。

解说

● 缩小领导与团队成员间的距离

团队建设在全员到齐之前就已经开始了。事先进行一对一的谈话，可以知道他或她是怎样的人，即使了解的很少，也能够培养相互之间的关系性。通过一对一的对话能够倾听成员在全员出席的场合下，无法说出口的真心话和期望，可以迅速缩小领导和成员之间的心理距离。

在这里值得注意的是，不要在说明活动背景和目标时花费太多的时间。否则就没有时间听到成员更多的发言，也就很难听到对方说出真心话了。甚至可能会给成员们一种"这是个自说自话的领导"的坏印象。

● 让成员全体开口倾诉

很多人认为相互了解很浪费时间，因此会将这个过程的时间缩短。其实为了团队建设，确保此环节时间充裕是非常重要的。此外，应选择能使全员平等对话交流的活动，营造出使人主动发言的轻松氛围。

自我分析
→第2章 第4节

● 缩小距离、创造轻松的发言氛围

对大家说"请积极地发言"也是一种方法，但从一开始就创造一个轻松的发言氛围，这样才能效果显著。缩小相互间的距离也能让人轻松地发言。或者，边看白板边讨论也能让大家就论点展开更深层的讨论。令大家产生共同合作攻克课题的一体感。

缩小距离
→第2章 第3节

在这个活动中选择适合八个人的小型会议室是最理想的，但在没有的情况下，应最大限度地利用现有条件。设定时间也是一项重要的因素，这样可以缓解团队成员的紧张感。设定时间的基本原则是应在短时间内进行，还可以根据不同会议的不同目的进行适当的调整。

会议室的规模
→第2章 第3节

实践篇

143

实际例子

●活动的构成由全员参与决定

　　向成员说明了项目的目的、目标、方针、计划等情况后，总结与每名成员单独谈话的内容。此后，给大家两小时的时间充分自由地交换意见。

共享五个项目
→第2章 第1节

　　最后结合活动的构想结束本次会议。针对目标、方针、计划等，请大家提出不足点和详细的改良办法。最后大家共同决定此项目的名称。

　　第二次会议时，由四个人一组分成两个小组，使用"Will/Can/Must"将自己的理想形象化。

Will/Can/Must
→第3章 第2节

举办一个发言小比赛，提炼自己的理想形象，并以之为目标，与大家共同分享。

●大家一起读指定的书

　　到第二次会议之前，让大家一起读森时彦著的《引导者的工具箱》。从书中可以得到项目的实施方法的提示，这本书也能成为成员共同的知识基础。

　　此外，安排大家一起去进行"活力四射项目"的模范企业取材，并安排时间互相交流感想。

●决定小目标后致力其中

认真做目标汇报
→第2章 第2节

　　虽说项目自身为期六个月，但在两个月后应制定"让管理层认同我们关于员工现状的相关调查结果，以及从中得到的见解"这样的小目标。

　　首先，在全员团结一致实现目标的同时，应在两个月后即时向管理层做中间报告，以取得他们的理解。

解说

●在"安全的场合"下培养出团队意识

　　自由交换意见也就是所谓的"泄愤"。虽说仅仅是发牢骚和互道悲观之辞，但大家通过敞开心扉的倾诉，就会顺水推舟地得出结论"那么，我们来想对策吧"。

发泄后产生积极努力的动力
→第3章 第2节

　　另外，在这一过程中，营造出一种"成员之间无论说什么都没关系"这种"安全的场合"是非常重要的。领导者自身必须表现出，无论成员道出何种意见都不会予以否定并且会认真倾听的姿态。

创造可以大胆展示自我的舞台
→第2章 第4节

　　这样，成员们便能努力实现自己定下的目标而非被下达的目标，活动的构成也由全员参与决定。再小的事也由大家共同操作，协商进而达成共识的过程能够提高团队的一体感。

全员参与决定
→第2章 第1节

　　另外，有时也可以分成少人数的小组进行更深层次的讨论。注入竞争的要素后，成员们也会活力倍增。

分成小组
→第2章 第2节

竞争
→第5章 第1节

●小的合作经验孕育一体感

　　定期举办可以萌发"大家合作去做同一件事情"这种念头的活动，逐渐积累小的合作经验。从理论上看，并非刻意去创造一体感，而是首先全员团结一致去做某件事，自然而然就会产生一体感。

合作经验
→第2章 第4节

　　此外，体验过后，安排时间供大家交流心得也是不错的。

首先试试看
→第2章 第1节

●短期成果可鼓舞人心

　　不管成员间的人际关系建立得多么好，想维持全体干劲十足是十分困难的。好比在没有成就感的情况下持续发动引擎是一件很痛苦的事。当然也有另一方面，即"团队并非因激活而有活力，而是有了成果后团队受到鼓舞"。

　　在早期阶段，可以明确认识到已达成目标，并且设定的是容易达成的目标，必须尽全力去实现它。

实践篇

5　促进科室或小组等小团队更具活力

S先生是质量保证科科长。该科由三个部门共计20名成员组成。但最近大家看上去好像没精神,也很少看见成员之间谈话。加上由于近期新产品相继投入市场,有很多咨询或索赔的事情,大家也确实略感疲惫。S先生想,怎样才能给大家注入点活力呢?

实际例子

●继续营造倾诉的场合

　　S先生日常业务繁忙很难抽出整段的时间,但即使这样他仍宣布每周三傍晚4~5点大家见面互吐心声。每10个人一组分成两组,交替在周三相聚。

●核心人物也参与其中

　　在这20个人当中,S先生选出了2名自认优秀的成员。S先生与他们另约时间,向他们热情地讲述了今后想做的事情,并传达了期待他们作为推动者与S先生一起奋斗的想法。在此基础上,S先生也认真听取了他们两个人认为现今存在的问题,3个人共同探讨了解决问题的方向。

选择成员的过程
(表明他们的作用及对他们的期待)
→第2章 第2节

●分享团队的理想形象

　　我在最初的部分中阐述了S先生具有问题意识,今后这个部门要如何改变,为了改变应该如何利用聚会等情况。此外,还有"对你来说理想的团队是什么样","你想加入什么样的团队"等问题。两个人一组交谈,之后全员间相互交换意见。

两个人一组讨论
→第2章 第2节

〈团队建设的要点〉

团队活动构成	确保团队拥有可交谈的场所。
团队成员	从开始就指定核心人物，使其成为推动力量。
场所·环境	改变活动环境，能通过眼睛切实感受变化。
关系性	使成员切实感受到团队的优点，着重建立领导者与成员间的关系。

解说

● 时而发挥强制力

若想建设团队，首先必须安排场地，否则无法开展任何工作。从开始的那一刻起，不能只依靠大家的自发性，没有干劲的团队更是如此。在这里强制性要求"每周三的下午4—5点全员在这里集合"。这样的强制要求有时是必要的。

● 培养核心成员

一个人能做到的事情是有限的。因此要在早期阶段培养出一个既能理解自己的想法，又能影响其他成员的得力干将。

● 确认团队建设的意识

在最初就确认团队建设及团队集体行动的意义是非常必要的。如果有成员抱着"根本没必要团队集体行动"这种冷眼旁观的态度的话，团队建设将无法发展。虽说如此，要想试图改变他们的想法也是不可能的。其实不必非要改变他，成员间可以再一次讨论团队合作的意义。另外，如果团队成员间相互不信任的话，可能连这种讨论都无法进行，如果那样的话就不必强求他们进行讨论了，可以进入下一个环节。

实践篇

> **实际例子**

●把握队伍的现状

接下来，使用简单的判断工具，根据大家的回答，判断现在这个部门究竟能将功能发挥到什么程度（或不能发挥到什么程度）。判断的结果很可能是大家意料之中的不乐观的状态。但在大家一边苦笑一边不得不点头承认的瞬间，某种一体感便产生了。

利用工具
→第5章 第2节

接着S先生话锋一转，说道："那么，让我们关注光明的、好的方面吧。"然后发给每个人便签纸继续道："请写出三个我们部门进行得顺利的事。像'今天没有任何人生病'这样的也可以。"写完之后，每个人轮番发表，并将便签纸贴到前面来。这样不仅知道了每个人都在想些什么事情，还烘托出一种"我们部门也非等闲之辈"的这种情绪。

团队的优势
→附录

●建立与核心成员的关系

S先生任命核心成员为引导者，并特别抽出三个小时的时间建立与部下的信赖关系。

在此基础上，接下来进入到成员们每个人五分钟阐述自己的阶段。感觉就像是，把户外会议的自我介绍的部分简短实施了一样。针对自我介绍的内容，其他成员可提出3～5个问题。

领导与团队的融合
→第3章 第2节

最初不善表达的成员，在不懈的努力中渐渐能够更进一步表达自我了。

户外会议
→第3章 第2节

●促进交流

此项活动刚开始时，"不想去科长那里"，"预备会进行不下去"，"不知道其他部门的人在做些什么"等意见不绝于耳，这时要立刻将这种情况反映到职场环境中。

桌椅摆放
→第2章 第3节

改变桌子的摆放位置，买来一张圆桌开设预备会谈一角，只需要原来用于显示员工外出地点的白板的半面就足够了。在白板上S先生首先把想通知全员的事情公布了出来。特别是尽量向成员们公开在质量保证科发生的所有事情。在吸烟室里也放了三把椅子。每周三的会议偶尔改在宾馆的会议室举行。

创造公告的空间
→第2章 第3节

解说

● 有契机便容易交谈

接下来，有必要针对我们现在的状态，进行认识上的统一。但开门见山地倾吐自己的心声是很困难的，在这种情况下使用判断工具和便签纸就能很容易让人参与其中。如有可能，请他们坦诚地说出对现状的不满和期望。

同时，我们并不是一味着眼于阴暗面，同样要呼吁大家关注光明的一面。这样一来积极的心态和一体感便油然而生。

不管是哪种方法，领导者表现出洗耳恭听的姿态是很重要的。

● 通过相互了解培养信赖感

互相了解对方的人品之后，便会对彼此产生兴趣，进而可能引出平日中"我们聊聊吧"的邀请。当然并非突然要求部下"说说你自己"，而是作为领导者要起到表率作用。通过与部下建立信赖关系，让对方了解自己的想法和不轻易示人的一面，同时还要表现出坦言自己的姿态。

通过这样的努力，在成员间便能够萌发"无论说什么都没关系"这颗信赖的种子，相互间的理解也会加深。

● 通过眼睛看得见的形式使人切实感受变化

领导的认真程度科员们是能够感受到的。因此自己应率先引起变化。到那时，通过既能看见又能切实感受到的形式改变，可以获得事半功倍的效果。

另外，为自发行动的人提供环境条件也是领导的职责。特别是当大家自发地决定并主动行动时，需要确保他们得到有用的信息。信息共享是合作动力的源泉。

大胆展现自我
→第2章 第4节

领导的表率作用
→第2章 第2节

实践篇

149

实际例子

增加/减少
→第3章 第2节

创意讨论会
→第3章 第2节

重新审视活动
→第5章 第2节

● 分享认识，共享活动计划

接下来集体探讨"增加和减少"，共享出自己理想的工作环境。在此基础上，于"创意讨论会"上公布本部门要开展的活动。有人说："从来没想过能在科长面前，毫无保留地说出自己的想法，真是一吐为快啊。"

从这里开始要选择一个"真正"想开展下去的活动。不是停留在"应该做什么"这一理论层面，而是从心底选择一个大家愿意努力开展下去的活动。并且对于所选的活动，要求大家一起集合智慧，制定一个容易理解的目标（例如"一个月内减少投诉相关的文件40%"）。思考题目"作为个人的你，到时能做些什么"，并进行发表。三周后大家已经达成目标，就可以组织"进入下一个活动"。

● 深层的自我展示与相互理解

S先生在判断成员们某种程度上能够倾诉了之后，要求成员们针对其他每个成员说出他们"为这个团队作出贡献之处"，"如果这样做就好了"等。安排出充分的讨论时间。同时，也针对自己说出"做出贡献之处以及应该改善的地方"。要求大家不说"让我们情绪高涨"这种空话，而要说出具体的表现。

● 坚持不懈地持续开展活动

这些活动并不是都进行得一帆风顺。我们听到有员工抱怨说："科长故弄玄虚地做什么呢，我们部门不管做什么也无非就那样。"但S先生一直忍耐着，他把坚韧不拔放在了首位。他认为坚持就是力量。

解说

● 将举办的活动与短期成果相联系

在固定组织中时常会弥漫着轻言放弃的情绪,通过短期的成果让大家获得"正在发生某些变化"这种切实感受是非常重要的。与大型活动相比,给大家设定小的奋斗目标,朝着目标迈进更重要。小的成功可以给大家鼓劲。

制定目标时一定要明确截止时间。日程的设定和共享可以使团队产生良性的紧张感。另外,目标设定的过高或过低都会使士气大减,因此要寻找通过努力就可能成功的目标。

诚恳地公布目标
→第2章 第2节

制定具体目标
→第2章 第1节

● 彼此认同,整合意见

相互理解的第二个阶段,是相互认同(承认对方的优点和有所成长的地方,并用语言传达给对方)。借此可以认识到每个人在团队中起到的不可获缺的作用。

另一方面,为了不使团队成为净说漂亮话的空架子,让大家向对方提出希望今后改变的要求也是很重要的。

自我表露
→第2章 第4节

● 领导者要有忍耐力,以坚定意志取胜

在团队建设的过程中,有时无论怎么努力也不见成效,甚至会有一旦混乱便沉寂下去的时期到来,这些在最初都要做好心理准备。你不消沉且继续努力下去,就是培育优秀团队的最重要的力量。

混乱期不可避免
→第1章 第3节

实践篇

6　举办大型集会

Y先生是劳动组合的常务董事。不只是书记长，核心董事也换人了，因此召集执行委员、职场委员和其他自愿参会人士举办集会，策划本年度的活动方针梗概。

但是，聚集全员的话大概有120～130人，这么多人的情况下我们能做些什么，这是让人很苦恼的事情。不是要制定周密细致的方针，而是要让大家畅所欲言，最终令全体成员达成共识。

实际例子

共享活动的构成
→第2章 第1节

●事先传达活动的主要内容

　　在事先介绍时，告诉大家本次的集会与以往不同，是"大家一起思考本年度的活动方针的集会"。集会的计划安排也要与此相呼应，尽量缩短书记长的基调演讲。

交流型
→第2章 第3节

●花时间建立关系性

　　首先，准备大的姓名卡，让大家用粗笔把自己的名字写大一点。这时工作人员展示自己的姓名卡给大家看。
　　书记长演讲之后立刻进入自我介绍环节。这时会场内仍然只有椅子，桌子都被摆放在了四周。椅子可以自由挪动，让5～6个人为一组，互相介绍自己的姓名、所属部门、喜欢的食物等。这是让大家开始讨论的热身运动。

我来参与
→附录

　　接下来，玩"我来参与（标语牌）"的游戏。准备写着年龄、出生地、所属部门、血型等的标语牌，大家聚集到符合自己情况的标语牌下，根据牌子上的内容在那个小组中简短地介绍自己。

〈团队建设的要点〉

| 团队活动构成 | 传达活动的宗旨和实施方法，按照要求行动。|

| 团队成员 | 聚集全部相关人员，提高参加意识。|

| 场所·环境 | 按"椅子→桌子→墙壁"的顺序改变讨论场地，保持新鲜感。|

| 关系性 | 重视团队建设，鼓励发表观点并互换意见，适度穿插中间休息，保持团队活力。|

解说

● 采取协调主旨与整合性的行动

向参加者传达活动的主旨自不必说，领导层若有任何与主旨相悖的行动的话，就会让参加者觉得"原来是光嘴上说的啊"。因此，不仅要鼓励全员主动参加，领导层及企划运营方的工作人员都要以身作则。

● 争取在短时间内认识更多的人

在多人数的活动中与他人相知的机会其实没有想象得那么多。在最初加入的小组中将话题深入也不错，但无论怎样都会有人抱怨与更多的人谈话的机会太少了。

因此，要合理地安排分配小组，让大家能够认识更多的人，使整个会场其乐融融。

在自我介绍中，布置好题目能让大家有针对性地发言。另外，如果设计站立活动的环节可以活跃会场气氛。

变换场地
→第2章 第3节

实践篇

实际例子

●在轻松座谈会中交流想法

　　重新将每5~6人分成一组。各组将桌子摆在喜欢的地方，成员围桌而坐。并在桌子上摆放模造纸和每个人喜欢的颜色的笔。

　　准备完之后，以"明年你想如何打造我们的工会"为题目，以"轻松座谈会"的形式探讨。互换小组成员，一共探讨两个小时左右后，将内容归纳到模造纸上。

岛型
→第2章 第3节

轻松座谈会
→第3章 第2节

●活用中间休息和运动

　　在轻松座谈会的中间提供休息时间。或者穿插每两个人一组互相揉肩的小组活动。这样可以毫无倦感地将活跃的讨论进行到最后。

揉肩
→附录

●更换小组，进而加深共同感

　　各组总结完成果后，将模造纸贴在一面墙上。当然要事先选择一个可以成排粘贴模造纸的房间。这次给予大家30分钟的自由组合时间，环看墙上贴的成果，和喜欢的人探讨喜欢的内容。或者对注意到的事情写下自己的评论。大家其乐融融地进行讨论。

　　最后让大家在墙壁前集合，确认自己小组讨论的成果。这时就会发现大家锁定目标的方向性和核心方针实际上几乎是相同的。基于此结果，由领导层将本年度的活动方针写成文件便也是顺理成章的事。这样在得到全员高度认可的氛围中结束了五个小时的会议。

　　用数码相机拍下墙壁上的成果，日后将照片发给全部的参加者。

挑选房间
→第2章 第3节

解说

●继续安排探讨时间，创造交流氛围

　　由全员一起讨论活动方针是不可能的，因此应安排某种程度上较少人数的讨论。但另一方面，全员共享意识也是必要的。选择少数人的讨论和全员共享的折中方法，这种轻松座谈会是个不错的选择。

　　不要过分限定题目。给出稍微广泛点的题目可以获得各种意见。

小组人数
→第2章　第2节

●不要忘记不时地重新振作精神

　　即使聚集来的都是有干劲的成员，要绞尽脑汁地思考也是会让人疲倦的。应该偶尔安排可以让人重新振作精神的茶话会。还有也不要忘记安排休息时间。

重新振作精神
→第5章　第1节

●将成果归至一处，体会成就感

　　为了让更多的人交换意见，要适当地安排更换至自己喜欢的小组进行讨论的机会。这也是小组发言经常使用的方法。

　　座谈会中最难的是最后的总结。为了营造会场全员的一体感，将成果汇集到一起是很有效果的。这样能让大家产生"这是我们共同努力的结果"这种成就感。大家聚集到墙壁前面时也只携带椅子，以密集队形围坐。共享成果是其中一个环节。

圆弧形
→第2章　第3节

实践篇

7　促进各行业交流会持续举办

A先生结识了某研究班中酷爱学习的一群人。在联欢会上有人提议今后定期地举办交流会，不觉间聚集了约15人。大家看出来A先生天生喜欢张罗事，便让他担任交流会的组织者。举办了两三次便不了了之这种情况很常见，但A先生着意要举办有持续力的交流会。

> **实际例子**
>
> ● 决定定期聚会的日子
>
> A先生决定每个月聚会一次。首先听取了现阶段大家的希望与要求，将聚会时间定在每月第三周的周三晚上18—20点。A先生下定决心，即使是只有3~4个人参加也不会中止聚会。
>
> ● 创造轻松的交流空间和气氛
>
> 在房间里三五成群地聚在一起的话，首先要将桌椅重新摆放。会场的桌椅一般都像学校那样摆放，因此我们要重新摆放，让全体成员能够相互看见成员的脸。摆成口字形那样的话相互间距离太远，因此应将其缩至圆形。
>
> 在成员都到齐后，应从发表会前感言开始进行。从想发言的人开始谈起，其他人不能打断。
>
> ● 共享信息
>
> 首先制定活动的构成。最初由大家决定这个交流会的名称，制作简单的名单。接下来决定制作每次活动概略的会议记录。积累在会议中使用的资料和白板上记录的照片等。很可能会收到意想不到的效果，还有人说日后"稍作修改，可以用作向上司提交的说明资料"。
>
> 另外也可以用作发行商务通讯。这不是小题大做，每次让3~4人列举出"最近所想的事情"、"读书报告"、"有收获的聚会信息"等，可以做成一份文件发送给全部成员。

桌椅摆放
→第2章 第3节

发表会前感言
→第3章 第1节

全员参与决定
→第2章 第1节

〈团队建设的要点〉

构成	通过定期的聚会培养活动的节奏。
成员	以参加频率不同为前提。
会场・环境	努力营造良好的沟通氛围，通过私下聚会和集训来进行调整和变化。
关系性	让展示成果成为团队的原动力。

解说

●培养团队活动的节奏

首先很重要的是要在成员间培养出一种信赖感，让大家觉得在每个月的固定时间一定会有这样的聚会。想聚集全员是很困难的，不要期望每次都能聚集到所有人。

●即使是志同道合的人也不能忽略为他们营造氛围

虽说是小型私人交流会，并且聚集的都是志同道合的人，但也不能轻视会场氛围带给他们的影响。要创造一个能轻松交谈的氛围、让大家畅所欲言、聆听他人发言的交流会，这种会前准备是十分重要的。

●展示成果，留下记录，全员共享

在这种以知性兴趣为主轴的交流中，展示成果正是团队的原动力。

但是将大家讨论的结果整理后全部公之于众，这样可能会花费太多的劳力。让我们想的轻松一点，将活动的足迹或每个人关心的事情书面化，即使只在内部发行也是很出色的成果。

积累自己所参加的活动的历史，对任何人来说都是可喜的事情。像制作名单这样琐碎的事情也能成为团队重要的成果。

另外像在后面会阐述的那样，在这样的交流会中吸收新成员是很重要的。重新向参加交流会的成员说明"我们在开展这样的活动"时，记录将起到很大的作用。

公布活动内容
→第5章 第2节

实践篇

实际例子

●寻找大家感兴趣的话题

小型聚会也很重要
→第2章 第2节

　　每次交流会之后一定会有个小型聚会，为此A先生经常收集可作为大家讨论的话题的相关信息。甚至每季度设置一次正式的"想在这个交流会上做什么"的讨论机会。讨论的结果会反映在交流会探讨的题目中。

●通过提供话题和集训来重新振奋精神

加入不同类型的成员
→第2章 第2节

　　大家在最初的4~5个月还保持着兴奋的状态。但大概过半年之后便会觉得千篇一律毫无新意。这时候A先生或请前辈来参加并提供话题，或邀请与现在成员不同类型的朋友来参加交流会。并且举办每年一次的集训，大家一起去温泉旅行。

●也要关心没来参加的人

　　当面聊天时让人觉得是非常积极乐观的人，也有完全不来参加聚会的人，或者跟他联系也得不到回应的。对此A先生达观地说："这是没办法的事。"尽管如此，也要确保商务通讯能够即时邮寄到他们手中。

　　所幸的是，有三个愿意分担工作的热心成员帮忙，活动依旧照常进行。目前运营没有什么可担心的。

解说

●非正式场合中寻找成员所关心的事情

由于并非单纯的好友会,因此安排大家关心的讨论题目是很重要的。并且随着时间的变化题目也会有所改变,因此必须要找到大家一直关心的、相互间具有共同点的题目。在非正式场合最容易了解到这样的信息。

一边做一边
考虑目标
→第2章 第1节

●像兴奋剂一样带去不同性质的要素

进行得顺利的时候还好,当成员感到倦怠的时候要使用各种方法激励团队。这样的新陈代谢是很必要的。

促进团队成员
的新陈代谢
→第5章 第2节

●以参加频度不同为前提

如果有15~20人的话,可以有很多种参加的方式。若希望全员以同样的热情和积极性参加交流会的话你会很累。要接受既有核心主角,也有在周围观望的配角这种普通的状态。

不过,让他们感受到彼此间有微妙的关系,这一点是必不可少的。

实践篇

159

8　促进自治会等区域组织发挥更大的作用

　　D先生是居住着200户以上人家的公寓小区的理事。最近，在小区里发生多起非法入室和飞车抢劫的事件，居民们的防盗情绪很高涨，因此决定在公寓举办"防盗集会讲座"。

　　以前类似的讲座都只听警察讲话或者居民相互间抱怨不安及对行政的不满。D先生希望这个集会的举办能够促进公寓居民彼此之间的交流，使大家能够形成跃跃欲试参与防盗的热情。

　　这种类型的集会直到会议当天才能知道有谁会出席。在这里，让我们把参加者设想成人员更换频繁的委员会组织的成员吧。

> **实际例子**
>
> ●摆放成扇形，在墙壁上贴模造纸
>
> 　　尽管该会场经常被用作会议室，但是D先生还是早早地来到这里，将原本是像学校那样摆放的桌子摞起来放在四周，把椅子摆成了扇形。这个会议室很狭长，平时都是以有黑板的短边一侧为前方，这次可以在长边一侧的墙上贴上大量的模造纸，以这面墙作为前方来摆放椅子。

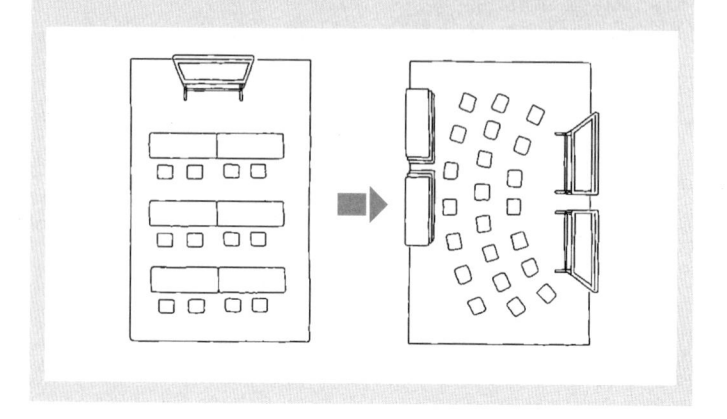

桌椅摆放
→第2章 第3节

〈团队建设的要点〉

团队活动构成 不要急于求成，通过学习以及与他人建立良好关系，使大家自发地行动起来。

团队成员 注意建立一种不管谁来参加，都能开心学习的成员关系。

场所·环境 营造与平时不同的活动氛围，使成员们形成参与意识。

关系性 不仅注意建立关系，还要随机应变地处理成员出现的问题。

实践篇

解说

● 缩小相互间的距离增加亲密感

　　桌椅若像学校那样摆放的话大家都向前看，这样不易于参加者之间进行交流。因此我们从小学时代起养成的习惯，总是很自然地陷入一种"要听大人的话"的气氛当中。如果摆成口字形的话相互间距离很远不容易交谈。因此为了便于交流，要想办法改变椅子和桌子的摆放。D先生的做法还可以轻松应对人数上的变动。

　　此外，缩短参与者与组织者以及会场前方的距离，培养出一体感或共有感。

　　是否需要事先做好这样的准备，视具体情况而定。不必事先做好一切准备，可以与早到现场的人一起重新摆放桌椅，这也是另一种合作劳动的体验，可助团队建设一臂之力。

　　但如果有头有脸的人物早早到场，一屁股坐下说"那么麻烦的事情不做也罢"的话，就不会有人来帮忙了。

　　不管哪一个，都是要你自己做出选择。

请成员帮忙
→第2章 第3节

161

实际例子

●在签到处分发糖果和姓名卡

D先生事先将今天的主旨和计划清晰地写在模造纸上，贴到了前面的墙壁上。

大字号清晰可见
→第2章 第3节

在签到处分发大的姓名卡和笔，让来者写上自己的名字并戴在胸前。此外，还放置一些糖果，来者可自由取用。

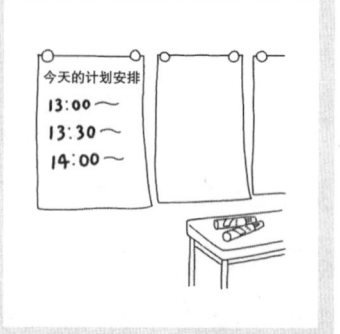

●全体进行自我介绍

D先生首先对大家说："我们想尽快进入主题，但是在座各位还有相互不知道名字的和没见过面的。所以先请大家稍安勿躁，让我们首先从自我介绍开始。"进而使用在签到处分发的姓名卡，每人进行30秒左右简单的自我介绍。

人员构成
→第3章 第1节

接下来，让住户按照楼层的顺序从一楼到顶楼排列好，从第一个人开始按照1、2、3、4、5、1、2、3……这样的顺序排号，相同号码的人组成一个小组。然后给大家时间进行更详细的自我介绍。

●穿插智力题的演讲

有关防盗的演讲终于开始了。

D先生请演讲者在演讲过程中穿插有选项的智力题。

博学智力题
→附录

演讲者提出"去年一年在某某县发生了几起非法入室案件"，"哪种路径的非法入室是最常见的"等这种问题。同时发给每位参加者三面写着数字的小旗子，让大家举旗来回答。

162

解说

●让大家产生疑问并统一意识

可能大部分的在场者都会觉得跟往常的集会没什么不同。可这次要出奇制胜。"咦，计划表居然这样展示给大家"，"椅子摆放的跟往常不一样"，"还要写姓名卡啊"，等等，这种积极意义上的先发制人可以让大家放松心情。如果有画画好的人，也可以将有趣的插图画在广告牌上，摆放在会场前面。

在参加者之间，一种奇妙的连带感将会瞬间产生，这是很值得期待的。当然应简单明了地传达主旨和计划，进而统一大家的意识。

●从自报家门开始建立关系

在此类集会中怀着"那个人是谁"的疑问进行谈话的例子并不少见。不要武断地认为"那是正常的"，应该首先互相自报家门。

只是，由于大家无论如何也想不到还要做自我介绍，所以我们应做表率，说些开场白。不过，尽管开始时全员做了自我介绍，但由于仅仅自报家门所以可能提不起大家的兴致，因此应立刻进入分组环节，让大家在小组中再进行自我介绍。或者限定自我介绍的题目也是不错的方法。

场面转换
→第2章 第3节

●大家愉快参加的同时学习知识

在这样的聚会中，参加者的知识层次也许参差不齐，我们对这一点要做好心理准备。创造共同的基础知识的学习是很有必要的。

从团队建设的观点来看，这种学习并不是单方面的，如何让大家踊跃参加是很关键的。因此，要在各处设置可以相互交换意见的小环节。并且如果采取智力题形式的话，大家一定会热情参与。使用小旗子可以增加玩游戏的轻松感，这样大家便可以轻松参与进来了。

将问题和答案记录在模造纸上并贴在前面的墙上，还可以进一步提高参与感和一体感。

使用小道具
→第2章 第3节

实践篇

> **实际例子**

●整理意见后记录在模造纸上

参加人数超出了预计，就以小组为单位，讨论为了防盗应采取的措施。此时要叮嘱大家从"行政警察应采取的行动"和"我们每个人应采取的行动"这两方面来考虑。同时分发模造纸，让各组"准备桌子，归纳讨论结果。最后请各组发表整理出的结论"。

●使用便签进行讨论

但是各组刚开始讨论时，D先生便注意到了一件事。每组中都有1~2人不断发言，其他人得不到发言的机会。而且发言者以年纪大的人居多。他们好像在以断定的口气说："我们要采取的措施就是这个！"

这时D先生打断了他们的讨论，提议说："好不容易有这样的机会，每个人都说说自己的想法吧。我们发便签纸，每个人至少写出三个点子后，在组内发表，大家觉得如何？"所幸没有异议，讨论接着顺利进行了。D先生想，幸好平时随身带着大张便签纸。

结束后几个人感激地对D先生说："年纪大的人不停地讲话，我们实在觉得很无聊。虽然直到最后他们还是滔滔不绝地讲，但是D先生带来的转机让我们也能参与其中。"

●创造人与人之间联系的契机

以这次防盗集会讲座为契机，公寓的居民之间好像有了一些变化。公寓里存在的问题已经成为大家的话题，有人说，"这个不就应该是大家一起讨论的嘛"。还有不少人对D先生说，"什么时候再开一次这样的会议吧"。集会最大的成果，也许就是为人们创造了相互沟通的契机。

让人头疼的问题成员
→第5章 第1节

解说

● 纸发下来后我就会思考

为了让大家感到演讲的内容并非与己无关，而是需要将其作为自己的课题去思考，有必要让大家进行讨论。但是，由于面对众多并不熟悉的面孔进行讨论并不容易，因此需要减少小组人数。

但如果只说"请大家进行讨论"的话，座谈会可能变成漫无边际的闲聊。因此把纸发给大家，并请他们"讨论后发表结论"，这样大家就会自然而然地认真思考了。

小组人数
→第2章第2节

● 灵活应对棘手人物

在接下来的第5章中我将阐述——并非制定了活动构成和计划，团队建设就可以顺利进行。因为我们是不可能事先预料到所有事情的。毕竟聚集的每个人的性格都不同，活动进展的方式也会各自不同。其中还会出现阻碍团队活动的人。

最常见的便是不停发言的年岁大的人和爱表现的人。虽然我们并不知道到场的都是什么样的人，但其中一定会存在上述的这两种人，这一点上要做好心理准备。因此广泛掌握应付这类人的方法是很有用的。

同时，要仔细观察团队活动的进展情况，根据现场情况采取适当的对策。

观察
→第5章 第3节

● 团队建设可以激发邻里潜力

从说出平时积压的各种不满开始，此类问题便可得以解决。"哎呀，你也是这么想的啊"，"那就跟大家说说看"，"如果是这样的话可以试一下啊"等，如果出现这样的情况，便可以激发出邻里们的潜力。正所谓，创造一丝契机，解决所有问题。

实践篇

Column-6　组织 vs 组织的团队建设

本书阐述了个人 vs 个人的团队建设，还有小组间的团队建设。例如丰田公司就有由供应商组成的"自主研究会（自主研）"。这不是常见的那种旗下企业间的联欢会，而是以改善提高与生产相关联的技术和技能为目的的不同业种的团队。

自主研的成员企业每 6~7 个公司为一组，互相拜访，改善工作环境，分享成果后各自回到公司，彻底地进行公司内部调整。频率高的时候，甚至每两周便举办一次交流会。真可谓"同吃一锅饭"的亲密状态，一起工作一起取得成果，体味成就感，进而产生一体感和干劲，这是非常关键的。

另外，注意不要将有竞争关系的企业安排在同一组内，不同业种间的"远距离交往"可以在日常生活中自然地形成。而且一旦关系被固定，好不容易创造的"远距离交往"也可能变成"近邻相处"的关系，因此每 3~5 年换一次小组。在聚集多种成员的基础上，进行适宜的新陈代谢。

此外，丰田的职责也不能忽视。一直都要担当顾问的角色。与其直接指挥成员如何进行改善，聚集何种成员，设置何种活动场所，不如多考虑怎样让成员企业持续关注集会成果等，这些才是活动的重点。

"我们真是绞尽脑汁进行团队建设。真正的改善工作交给成员企业去做，我们专心致力于创造方便成员企业活动的环境和关系性就可以了"——说丰田是引导型领导也不为过吧。

第5章

熟练篇
将团队建设做到最好

1 　如何对待对团队有不良影响的人

2 　以创造可持续的团队为目标

3 　观察能力决定了团队建设

1　如何对待对团队有不良影响的人

✣ 对团队有不良影响的问题成员

　　团队也是有生命的，因此，不是所有活动都能按照我们的想法进行。团队中最让大家头疼的就是整个团队的问题成员。例如，反复重复同样观点的人，时刻考虑自己利益的人，什么也不说只是敷衍的人……其中最麻烦的就是自以为是的人，在第4章的第8个案件中就讲过这样的人。

　　这样的人被称为问题成员。"怎样处理问题成员的情况呢"，这应该是一个令大家都头疼的问题。

　　到现在为止我们介绍了很多种方法，这些方法对发现谁是团队的问题成员很有效。但是，如果采取行动，团队成员发生变化，方法就会行不通。

　　现在就让我们考虑一下在团队建设上如何处理问题成员的情况。

✣ 通过问题成员来修正团队

　　首先，希望大家先有这种意识，在一个团队中一定会存在问题成员。请回忆一下我们在第 2 章中曾介绍过的"2-6-2 法则"。换句话说，就是团队中始终有两成的人是有问题成员倾向的，所以说想从团队中清除问题成员（或是更换问题成员）的方法，一般是不会获得成效的，除非是很严重的情况。即使将现有的问题成员开除，当团队有问题的时候，还会有别的问题成员出现。

那么，如果想要把问题成员从团队中清除出来，除非是非常严重的情况下，否则并不是什么好办法。即使把有问题的人清除出团队，如果团队自身存在问题的话也是很难改变现状的。

✣ 更换团队成员是最后的办法

可以说，的确存在不得不更换成员的情况。比如说在广告设计界，设计团队成员的审美标准会对设计结果产生很大的影响。这种情况下，与其在团队建设上想办法，不如重新组织团队更为便捷。

世界上的确有社会能力欠缺的人。改变这些人的想法和行为是非常困难的一件事，这时只能更换团队成员。

即使在必须更换成员时，也应事先做好工作，使双方抱有充分的心理准备。首先应对其进行多次教导，并为其创造更好的工作环境，努力使其接受团队。如果即使这样做，他对团队的不良影响仍没有改善，那么只能把他从团队中开除掉。

图 5-1　团队中的问题成员

对于上述所说的问题成员，应该由当初任命他的人，做出最终判断，并且由任命者亲自将决定通知给本人。这样可以避免隔阂，将影响降到最低。

✣ 在判断"这个人是问题成员"之前

现在开始具体介绍处理问题成员的方法。首先不要考虑当事人，要先想想是不是自己的问题。

问题成员并不是一直让人头疼的人。老实的人也有突然暴躁的时候；问题成员都是在特定的环境中表现出来的。因此，不要创造那种能引发问题的环境。

比如说，在确认问题前，带着一副被虫子蛀了牙齿的痛苦表情对大家说："每个人都谈谈自己的想法吧。"想想此时大家会是什么心情呢。可能会想"这个人不行……"一副傻瓜的表情能做什么呢。一下子就没有了轻松谈话的气氛，自然就产生了抵抗情绪。

你也许有过以下这样失败的经历，在研修团体一起活动时，一定会有气氛过于高涨的情况。被周围人耍弄时，产生"都是一帮爱耍闹的同伴，怎样能善罢甘休呢"这类的想法，这都是正常的。但是结束后，问问成员们的想法，结果得到的答案却是"刚开始的时候，还笑脸盈盈的，为什么一半的时候反而笑不起来了，感觉有了压力"。没有按照自己的想法做事，就被定义为问题成员，将情绪显示在表情和态度上，会对团队的活动产生不良影响的。

批评别人之前，首先检讨一下自己。团队建设中，可能你就是那个问题成员。千万不要踩到引发问题的地雷。

❖ **从这一点开始自我检讨**

自我检讨主要从以下三点进行。自我检讨是最困难的，所以，无论是谁的建议都要虚心接受，检视自己。

(1) 外表（表情、态度）

首先，从能引起视觉感知的要素开始。其中表情是最大的要素。僵硬的表情，为难的表情，连微笑都没有的表情……不是说微笑是多么好的东西，但是看不出意图的表情还是挺令人害怕的。

特别要注意说话时的视线。发言的时候，是否很好地注视了成员的眼睛；注视时，是不是从上向下的俯视呢。

(2) 语言（说话方式和程度）

其次，应考虑一下说话的方式。即使是推动性的语言，但如果用了以下几种语气的话，就容易被当作问题成员。

①"请……"带有命令性的语气。

②显摆自己的学问，带有优越感的语气。

③"为什么不……"带有质问性的语气。

④"能学到很多内容啊"这种感觉，带有说教性的语气。

同时，要注意话语的轻重和说话的量。检讨一下是不是说得过多，霸占了话语权，如果这样也会成为团队中的问题成员。

(3) 感情

感情一定能够表现出态度，传给对方很多信息。交流时一定要表现出来"这些人一定能表现得很好"这种让伙伴信任的态度。哪怕是遭遇背叛或没有按照预期结果进行，也要有气度地说："嗯，还可以。"

最后，要给自己自信。"这样是不是过头了"，"这样可以接受吗"，如果有这样不自信的想法，就会传达给同伴们一种不放心的信号。因此要事先彩排，将各个环节在头脑中设计周全一些，做好充分的准备，这样自己就会有自信。如果还是不放心，就将自己的不安老老实实地告诉给同伴，同伴们也会提供一些建议，心情就会逐渐踏实下来。

❖ 问题成员就在这些人当中

现在将目光转向问题成员们，到底问题成员是哪些人呢，大致可以分为以下几类。

(1) 以自我为中心型

这类人大部分是喜欢专制的人，一直认为自己的想法是正确的，不听取他人的意见。典型症状就是：

①一味地炫耀自己，自己的想法从来不改变，非常固执。

②掌握话语权，反复说着同样的东西，没完没了。

③说话前序很多，回避问题点，一味地跑题。

④无限发挥权利,"我说话,仔细听着"这种态度。

⑤不允许出现反对的声音,压制型。

⑥不听取他人的意见,不接受他人的意见,经常压制他人的发言。

⑦"这个,那个"决断冲动的人。

⑧认为他人的意见都是错的,猛烈攻击他人言语的人。

⑨经常打断团队活动的人。

这类人,追求想控制一切。实际上在团队活动中却缺乏控制力。

以上的行为,在团队合作中会影响团队的整体性。

(2) 迂回避重型

这类人抱有"自己不被周围认可"的想法,自以为是。属于间接的,狐假虎威似的进行攻击的类型。

①发表评论,辛辣地批评,一味地指责问题点。

②只是看到别人的行为,抓住别人的错误。

③不表明自己的立场。

④"某某说过……"借用别人说过的内容。

⑤炫耀自己的知识,自称为专家,评论员等。

⑥"原来怎么样"避开话题,推翻已经决定的内容,回到枝节末端的话题。

⑦夸赞"团队多么多么好啊",装好人。

⑧抱着胳膊,愁眉苦脸,挂着阴笑的脸,来回晃头的人。

⑨经常迟到早退的人。

以上集中的类型,都是对团队起反作用的,而其中的大部分人又都十分确信自己存在的意义。这类人并不是天生的,后天的责任感缺乏才是真正的原因,为了保护自身他们才做出一副评论家的姿态。

(3) 自我封闭型

这类人对自己没有自信,不积极参加团队的活动,总是无所事事。正因如此,他们常常会认为自己不能如期望那样完成工作。我们认为这类人缺乏社会工作能力。他们的主要表现有：

①谈话中不擅长发言，睡眼朦胧的。

②不能提出建议，但求平安无事的消极主义者。

③面无表情，完全看不出思考问题的样子。

④发言时没有勇气，犹豫不决，优柔寡断。

⑤即使是被征询意见时，也是回避话题，发表一些含糊的内容。

⑥根据周围环境顺势改变态度，随声附和。

⑦借助他人的成果，坐享其成。

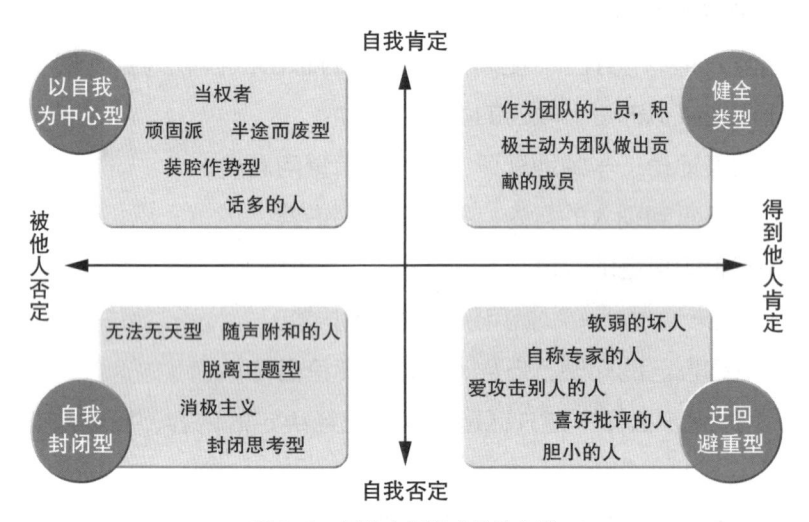

图 5-2　团队中问题成员的分类

❖对待问题成员的七种方法

对待问题成员，没有能从源头取胜的方法，只能踏实地进行团队建设，争取在会议和合作中不产生问题。

但是，实在行不通的时候，要马上处理。基本上，以尊重他人的自尊心为基本点，不要创造滋生问题成员的环境，灵活运用不同手段来解决问题。在此，简单地谈谈对于不同类型的问题成员应如何处理。不要忘记，对方是逐渐从弱势向强势发展的。

（1）用规定发挥作用

首先确定下来交流及团队活动时的规定。不需要制定太多，定下3~4条能够遏制问题成员的规定，而且一定要贴在容易看到的地方。以下介绍几条规定。

①进行忘记职位的发言。

②全员平等发言。

③每个人的发言在三分钟以内。

④不要压制别人的发言。

⑤不要不经思考就脱口而出。

⑥领导最后发言。

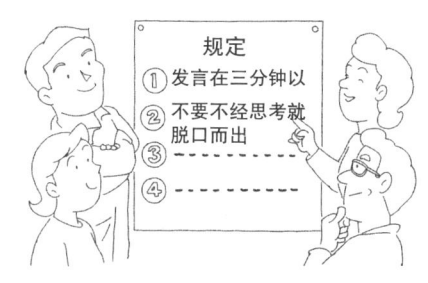

图 5-3 事先贴出规定

⑦不要纠结于前序，先说出结论。

⑧不要批评，需要提出有建设性的方案。

如果有破坏规定的，用眼神给个暗号，指着规定说："这个规定是大家一起决定哦。"这是一种口头提醒。还有很多其他的提醒方法。比如，安排督促员、记录员和计时员来完成相应的工作也是一种方法。

（2）从环境和活动中开始

接下来，整合活动环境是一个能够很自然地控制问题成员出现的方法。代表性的做法有以下几条。

①职位不分高低，随意就座。

②确定下来发言的时间，按顺序发言(参照附录)。

③使用会议桌。

④开始发言了不能一个人一直不停地说话。

⑤安排搭档交流的时间。

⑥小组作业后进行总结。

⑦分成小组，把喜欢发言的人安排在一个小组。

⑧将意见都记录在便签纸上。

(3) 满足他人的自尊心。

所谓满足他人的自尊心就是,对于其所说的内容,能够接受并且给予尊重。让对方产生一种"他在虚心听我的意见"的感觉。

在他人发言之后确认上一句:"您说的就是……吧。"对于他人所说的意见再稍稍地表扬一下。

将别人的意见和专业知识记录下来,做成资料,分发给大家。

图 5-4 听取别人的意见

(4) 做好准备工作（1 对 1 直接对话）

此时并不能只是一味地对问题成员加以约束或请求,而是需要在团队活动之外与那个人更加直接深刻地对话。尤其是在大家的面前指责某人,没有留面子的情况下,更应该私下进行更好的沟通和交流。

例如,可以用下面的方式提出自己的建议。"部长,您有没有感觉到您一说话大家就开始沉默了,能不能在下次会议时试一试不说话,反过来观察并听取大家的意见,这样不但能够听到更多的各种各样的意见,而且部长也会很开心。"部长可能会说:"哎,真的吗？呵呵……"其实有的时候连部长本人可能都没有意识到这一点。

这里要讲的重点就是,不要轻易责备对方,要让对方感受到这是客观的评价。而且,如果不能秉承着为对方着想的态度的话,很容易引发对方的反感。

总而言之,一定要注意的就是,只有得到大家强有力的支持,才会有更好的效果。反之,如果有人骄傲,就有可能会受伤,还会遭到排斥。掌握各种理论之后真正去付诸行动才是最有效的方法。

(5) 将结论和意见写下来或画出来

将结论和意见写下来,并不只是让团队活动圆满地进行,也是处理问题成员最有效的办法。像以下这样记录会有很好的效果。

① "自己的意见得到认可",从而获得满足感。

②是不是批评别人了，有没有提出方案，这些问题都可以一目了然。

③很容易注意到自己反复重复一句话。

④可以使论点更加明确，不容易跑题。

⑤可以从相互的立场中得到明确的客观的观点。

另外，喜欢深刻思考的人通过写在纸上的方式，能够将意见更好地表达出来。像这样"写一写"能够很有力地转变问题成员们的语言和行为，是一种既轻松又有效的方法。

图 5-5　活动组织者用图表来促进团队活动

(6) 用问答的形式来解决问题

这里讲的是通过提问来处理问题成员的方法。

比如说，对待容易离群的人，如果对他说："你啊，经常独行呢。"几乎是没有什么作用的。因此，应该着眼于为什么这个人经常不合群。简单地说，不合群是想表达自己的主张。换句话说，也是想表现自己才离开群体。

因此，如果自己的存在被承认的话，就没有必要离开群体。解决这一点经常用的方法就是"先扬后抑"。比如说，先表扬其果断的好处及头脑反应的迅速，之后再要求其尊重团队，与大家在一个平台上。

同时这种方法也适用于那些喜欢侃侃而谈的人和随声附和的人。但是请避免用"你说得太多了"，"请不要再说了"，"请分清观点，是黑是白"，"不明白你的观点"等这样的话直接说出对方的不足。不要单纯地说出问题点，而是要做出从问题的状态中脱离出来，给予支援的态度来解决。

(7) 让团队成员成为你的伙伴

为什么会有问题成员呢？其实就是在你期望的活动过程中，有人给你带来了麻烦。而实际并不是这样，问题成员是对整个团队的健全活动造成了阻碍。

因此，你不要一个人孤军奋战，要团结大家来处理问题。如果以上的方法都没有什么显著成效的话，最后的方法就是问一问，"对于某某的发言，大家是怎么想的"。

如果团队全体都只依靠一个人，是不能前进的，这时只能以团队活动的根本——民主主义的力量来解决。

还有，如果把全员都变成志同道合的伙伴也不现实，那就以少数几个关键人物为中心，形成一个强大的集体。这个集体能替你分担团队任务。要记住最终的结果才是重要的。

❖ 活动现场应对问题的方法

最后要怎样应用于实践中呢，下面介绍几个经常用的语句。但这些句子并不适用于所有的场合，请根据自己遇到的实际情况使用以下的句子。

(1) 以自我为主型

1) 喜欢独树一帜的人

"你的想法真不错，但是大家好像对于这个进度还是有些跟不上，可以的话，合上大家的节拍，怎么样啊？"

2) 一直发言的人

"现在，某某先生对于自己的观点讲了十分钟了，给我们很大的启发，现在能不能听听大家的意见呢？"

3) 深信自己是正确的人

"不愧是某某，想必这个就是答案吧，但是还是想听听大家的意见，我们先听一下啊！"

4) 总是重复自己观点的人

"（指着板书）嗯，刚才讲的就是重点了，还有其他的吗？"

5) 跑题的人

"不好意思，今天，关于这一点我们已经了解了，其他的观点还有吗？"

6) 前序讲话很长的人

"（压住话题）是这样的，接下来呢？"

7) 攻击性语言的人

"真厉害啊，但是大家有点感觉压抑，你究竟想说的是什么呢？"

8) 不能了解现场状况的人

"现在，大家对某某的话有什么想法呢，大家听明白了吗？"

(2) 迂回避重型

1) 一味批评的人

"刚才的发言到底说的是什么呢？有什么结论呢？我还是不太明白。"

2) 挖苦奸笑的人

"表情看起来是不赞同的意思啊，那你想表达什么意见吗，请不要客气，请直说。"

3) 经常迟到早退的人

"就等你了，你没来我们就先开始了，要是有不清楚的地方请提出来。"

4) 自称专家的人

"不愧是某某啊,你了解的可真多。但是刚才你所讲的,好像大家没有思考的兴趣,我们还不太明白,请你帮忙分析一下。"

5) 不苟言笑的人

"我想的确是比较难,如果有什么好的想法的话,可以提出来。"

(3) 自我封闭型

1) 不发表自己意见的人

"假如 A 和 B 中必须选择一个,你的想法会倾向于选哪一个呢?"

2) 随声附和的人

"最后我们会听取大家的意见,请大家仔细考虑一下。"

3) 观点模棱两可的人

"刚才你说的结合今天的话题,是不是就是想说……啊?"

4) 借助别人观点的人

"好像你的想法和某某的一样啊,你能用自己的语言再说一次吗?"

5) 灵活调整会场气氛(Change of Base)

问题成员,不是说哪个特定的个人不好,其实每个人都有可能是那个问题成员。比如说,在短时间的会议和谈话时,头脑中不能浮现出很好的想法或是提不出来有效的意见;或者,观点的对立性严重,团队的两派明显互不相让,类似这些情况。

在这样的情况下,不如把会场的气氛调整改变一下。

6) 稍稍休息让气氛改变一下

有时候思想钻进死胡同,根本就无法前行。成员们身心疲惫,无论怎么想办法思想都凝固了。越是想挣扎越是会陷入恶性循环当中。

在这样的情况下,首先换换空气,休息一下,让员工的身心都放松一下。

可以是去洗手间或是吸烟这种短时间的放松,也可以是放下思绪,舒适地休息 30 分钟。找个时间让身心放松,会感觉房间里的空气都被换掉了一样。

放松时，可以准备些茶、咖啡、糖果或是巧克力，创造出大家闲谈的轻松气氛。正是这样，才会有人说开会时最重要的就是要有休息的时间。在开放的气氛下，员工们会感到没有了束缚，可以自由畅谈。

图 5-6 转变会场的气氛

比如说，在团队中总会有人在是否要说出自己的真心话这个问题上犹豫不决。休息时，会向关系近的人试探性地问一下。如果得到好的回答，就会产生"要不要试试看呢"的想法，这样就可以形成休息后谈论话题的话引子。

在很多会议中都有这样的场面。本来气氛很沉闷，但是休息时间过后，讨论瞬间热烈起来，话题也能继续。对整个会议起到很好的促进效果。

随着话题的进行，应该以"嗯，这样的话是很好，但是……"，"更应该……"这样的语句开始闲谈。很多情况下，在闲谈中可以发现关键的问题点。像这样，很多人因为开始重视休息时间而获得了意外的收获。

6）危机（竞争）使团队有活力

为了提高团队中成员们的士气，把团队成员分成几个组进行竞争，也是调整转变会场气氛的一种方法。特别是在活动中加入时间的限制或其他的规定，这样可以使整个活动有序进行，为大家制造紧张的感觉。通过这种竞争能够体会到危机感，不但可以增加团队的气势，还能使团队更团结。

在这种情况下，加入一种叫作"变化"的调味品的话，就可以刺激成员，激发活力，挖掘出新的资源。

但是，在气氛高涨的时候休息的话，这种变化就没有意义了，还有可能会给话题讨论上浇冷水。一定切记要根据会场的气氛，做适当的改变。

2 以创造可持续的团队为目标

❖ 是衰退，维持，还是再上升

有时会出现这样的现象——用了很多的方法，花了很长时间来组织活动，然而稍微松口气，就感觉疲倦了，活动的水平也就下降了。从这方面看，建设一个时间跨度长的团队是很有必要的。

团队一旦步入正轨，要想维持是最难的事情。如第 1 章中讲过的，达到机能期后，就会进入衰退期，还能维持现有的标准吗？如何有所提高将会是一个更大的问题。

❖ 团队活动的僵硬化使团队衰退

团队衰退的原因来自于团队内部。

在初期时，制定了团队的目标、分工和规定等制度。这些都有助于提高团队的效率和稳定性。

但是，一旦制定了这些制度，人们就开始自动地反复进行。这样的话，就忘记了当初制定这些制度的意义，也不会倾注全力去把事情做好。每个人的兴趣都是由外向内转化，方法变得有目的性，活动也成了形式化。

如果每个人一味强调自我中心的情绪的话，那么就不会将团队的问题想成是自己的问题。就会认为自己已经尽力了，是因为其他人没有很好地配合，协助意识也会下降。

因为团队是在环境中产生的，根据环境的变化，自己也需要发生变化；但是，一旦团队变化了，维持团队的惯性就会变化。如果做好的事情被破坏了需要重新修复的话，就会造成很大的浪费，重新修复的团队能否做到很好还是未知的。

按照以上原因，团队要重视"秩序"和"维持现状"。分工、交流、意识等所有的东西都出现僵硬化时，团队却没有随着环境发生变化就会自然衰退。

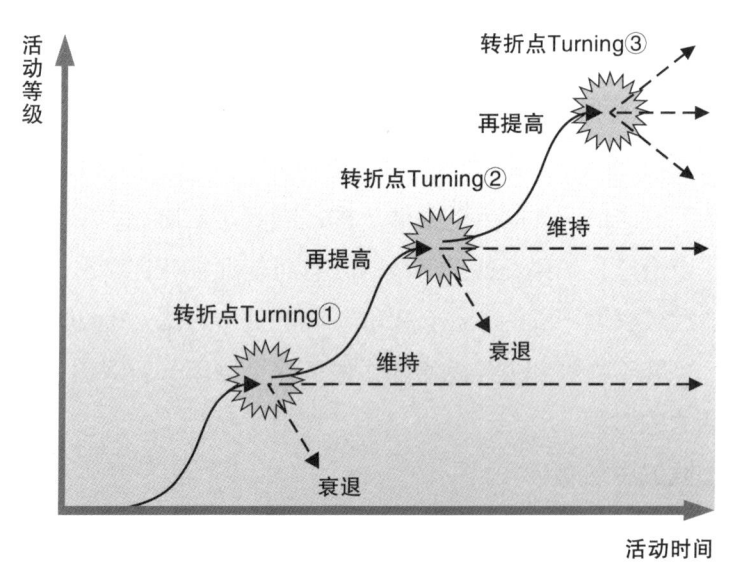

图 5-7　持续的团队活动

❖ 年代更替的难处

很多人认为有人员的更替不是很好吗，当然，这个是很重要的方法，但是同时也存在难处。

团队的成长、交替与很多人息息相关。在团队建设的不同时期，会出现很多的团队领导者。

建设团队的是"第一代"的成员们，亲手组建了这个团队，给予了团队关系性和组织性，对团队的感情和想法是其他人的几倍，对团队过去的一切都了解。

但是，继承者——"第二代"成员们，他们的做法是追随者前辈的方法，但是，对于为什么这样做，为什么那样做，没有充分的理解，就会产生一些差别，无论从前辈那里继承了多少，都不能百分之百做到一致。因此，做不到能让"第一代"人满足的水平，就会产生"不能委任给……"，"即使委任于……不能满意"等这样的想法。因此，何时传递这个接力棒是很重要的，一旦时机错误的话，创始者和继承者都将不复存在，年代更替并不像语言上讲的那么简单。

❖检查团队的停滞程度

现在介绍一下如何处理团队停滞的问题，首先要考虑一下你所在的团队状态如何。

团队的健康情况如同人的身体一样，需要定期检查。早点发现不良问题，早点治疗，如果发现的不及时就有可能濒临死亡状态，必须得避开这种情况，根据不同的状态，采取不同的处理方法。确切地把握团队的情况，探究不能顺利进行的原因，根据这个原因分析对策，以寻求激发团队活力的方法。

❖治疗团队的生活病

组织的形式化和僵硬化可以说是团队的生活通病。要想跨越停滞期和衰退期，使团队再次产生活力，就必须寻求改善组织的处理方法，原则上讲就是进行组织改革。现在，以团队建设为焦点，谈谈基本的方法。

❖再一次重新建设团队

第一种方法是，痛下决心将整体重新建设。可以的话，先将团队解散然后再重新建设。只有这样，大家才能回到最初的起点，重新开始，

表5-1　团队的健康检查表

	症状	○	△	×
思考方面	决定的想法模式化，决定下来的内容没有遵守。			
	过分的考虑过多人的意见，含含糊糊做决定。			
	以惯例和以前的例子为引证，做出决定。			
	积极应对挑战的情绪逐渐减退。			
	成功了没有被表扬，反之，失败的时候经常被斥责。			
	一味地考虑自己的事情，不把团队的利益关系放在眼里。			
活动方面	活动的过程僵硬化，没有深刻思考，只是一味地重复。			
	成员的职责分工固定化，没有创造出新人发挥的环境。			
	会议的出席率低，主观上不想参加活动。			
	团队中有明显的派系，即使是简单的事情也迟迟不能决定。			
	权限和决定权有集中化倾向。			
	只知道讨论和批评，到最后也未能做出决定。			
	拘泥于形式和步骤，很难做出对内部有利的资料。			
交流方面	业务联系以外的活动在减少（或者是没有）。			
	即使是开会也无法给出意见，只是形式上的会议。			
	不能够传达有用的信息，个人猜测和谎话横行。			
	很难得到实际的信息，对于团队以外的关心减少。			
	感觉很难说出真心话，或者说是根本没有说出真话的环境。			
	不听周围人的意见，由着性子前行的人在增多。			
固有的方面	表情僵硬，对于新的活动毫不关心。			
	由于个人原因进展不顺利，存在缺乏责任心的人。			
	在取消对立态度上花费很多时间，无法进行本质性的活动。			
	只是看到眼前的工作，忘记了本来实质目的。			
	总是有想放弃的想法，逃避困难消极应付的人很多。			
	对有错误想法的人给予差别对待，具有排斥别人的倾向。			

○：非常一致（4分）　△：有些一致（2分）　×：根本不一致（0分）

▶25分以下为正常，50分以下就需要观察，75分以下需要治疗，75分以上就需要紧急住院，集中治疗。

熟练篇

在同样的情况下找到最初的心境。那时，重新互相自我介绍，重新确认全体成员的使命，重新确定规则和里程碑，按照团队建设时的过程一个一个地实践。一味强调"现在……"拘泥于此就是问题的根源，必须使全体成员团结一致组建团队。

团队的整顿可以说是传家秘诀。但是一定要记住不要随便地整顿，而是要考虑清楚真的应该这样吗，必须与同伴们商量认可后才可以推进活动。

✤ 抛出"最初的想法"

第二种方法，就如同"第三年出现的不详征兆"这种说法一样，团队组建一段时间后，此时会出现组织断层，甚至与最初的目的相背离。不了解行为的意义，团队就只剩下了一个躯壳。即使增加人员或替换人员，团队也会自行分裂。

促成团队的使命是成员们共有的责任，最好的方法就是再一次让大家了解自己的责任使命，重新问一下我们为什么集合在一起，这样会加深大家互相的理解，可以发现团队的意义。这样好像有些耽误活动进展，但是从后来的事态来看应该是"磨刀不误砍柴功"。

✤ 将组织过程从新修正

第三种方法是将僵硬化的团队和活动在过程中从头开始修正。恐怕，团队中应该会存在没有意义的劳动，僵化责任区分，无效率的活动等。

站在现在的立场向前看的话，"上任领导决定的"，"这样做可以更好"，这些问题是不能改变的，必须从零开始，全体成员重新思考讨论"真正需要的是什么"，"与本质的目的最符合的方法是什么"。

因此，将全体成员的想法有机地结合起来才会对团队建设起作用。

✤ 保持团队的高峰期

创建团队是很简单的。虽说重新建设激发活力是困难的，但是最困难的是怎样使其持续发展。团队自律性，自我改革，是需要相当的体

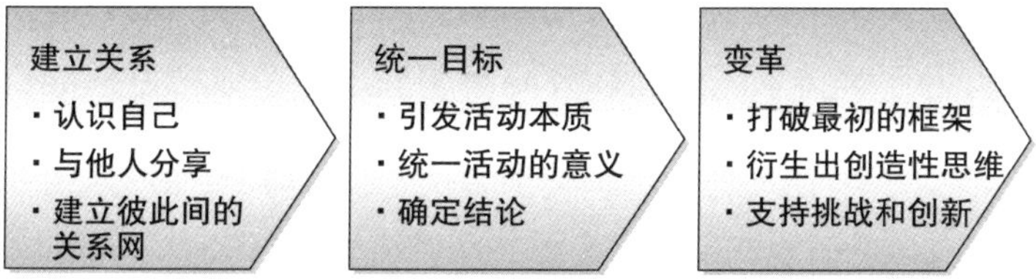

```
建立关系          统一目标          变革
·认识自己         ·引发活动本质      ·打破最初的框架
·与他人分享       ·统一活动的意义    ·衍生出创造性思维
·建立彼此间的     ·确定结论          ·支持挑战和创新
 关系网
```

图 5-8　组织变革的三种形态

力、劳力和脑力的。在这里介绍一下使团队持续保持活力的三种方法。

（1）促使团队成员的新陈代谢

首先，促使团队成员自我改革，自我成长。不能打败自己的话就不能成长，这样的积累才能保证团队的活力。

如何能够促使团队成长，这是与团队的活力息息相关的。及时应对严肃的问题和课题，提醒团队目标，促进意识和动机的新陈代谢是十分必要的。就像创造出新感性或想法一样，创造一个容易使成员自我放松的环境是很重要的。因此，考虑的问题不仅仅是团队，这与促进领导的成长也是有联系的。

（2）增加相互作用的场面

接下来，为了团队的持续发展，要支持团队的每一位成员。成员们志同道合，切磋琢磨，互相认可，促进成员们之间的相互作用。

重点是，尽可能地调动出团体的主观能动性，聚合在一起。比如说，成员一点点地参与团队的运营。从个人优势开始发挥作用，如果做得好的话，互相表扬，承认对方存在的意义。特别是，要及时观察成员们相互作用，相互刺激，之后反复地进行，反复唤起相互成长的积极性。

（3）活动公开化

因为个人与团队的活动结束后，团队从外部不断地接收到刺激。所以需要创造出一个让大家对成果有亲身感受，并让大家感受到由谁创造出成果的环境。

因此，要时常将团队的讨论和结果对外公布，将活动的本身公开给大家。而且为了维持紧张感，从外界吸引他人，获取意见，不要让成员们成为"井底之蛙"。

同时，对于成果的评价应尽早地让成员们知道。广告就是广而告之，让成员们体会到成就感是很重要的。

团队，是一个通过"互动学习"高度交流的场所。通过互动，可以获得一个人不能完成的成果，通过人和人的交流得到学习。只有这样，才是团队活动的奥妙所在，是大家成长的源泉。在持续的团队建设活动中，将互动和学习持续进行，是最重要的。

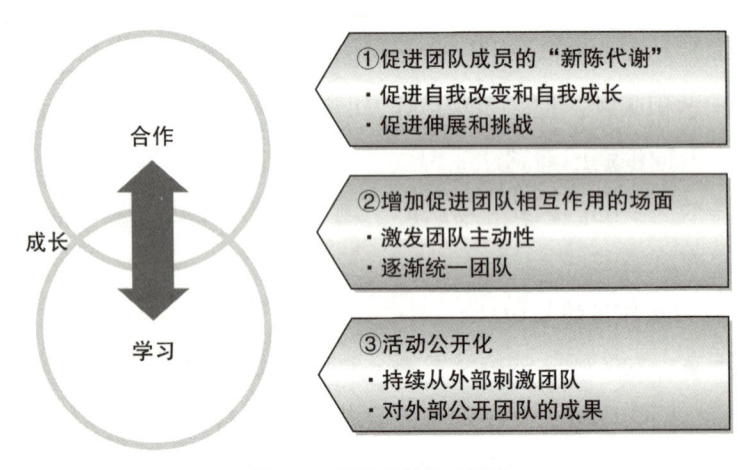

①促进团队成员的"新陈代谢"
·促进自我改变和自我成长
·促进伸展和挑战

②增加促进团队相互作用的场面
·激发团队主动性
·逐渐统一团队

③活动公开化
·持续从外部刺激团队
·对外部公开团队的成果

图 5-9　团队成长的三要素

3　观察能力决定了团队建设

在本书的最后，为了将团队建设发挥到最好，现将练习方法传授给大家。

✤不会尝味道的人是做不出美食的

"好的团队是什么"并不是理论性的，没有一定的经验是不能够理解团队目标的。正如那句话"不会尝味道的人是做不出美食的"，正因为了解不好吃的味道，才能做出真正的美食。

　　团队建设最重要的一环是尝味道，就是能够观察出团队状态的能力。也就是，没有这样的能力就没有团队建设，团队建设的好坏与观察力息息相关。

　　那么，现在想想对于团队有什么感觉呢，能想到什么呢。抓住每时每刻的变化，不时地感受到对方传达的信息，并且给予回应。把这个称为心理战不为过吧。

　　所谓的观察就是必须时刻掌握成员的情况和团队整体的状态。无论在哪一方面，不仅要理解语言上的，非语言的感情也都必须要理解。现在我们就从如何了解每个成员的情况开始说明。

❖ 从哪个方面入手

　　了解每个人的情况与要从参与度、接受度和情绪三个方面着手。

(1) 参与度

　　成员们对于活动参与到什么程度，和团队建设有直接的关系。这个问题包括以下三点。

1) 参与度有多少

　　所谓的参与活动，从主动参与到被迫参与范围很广，可以从一个人的热衷程度来观察。是不是发言，是不是积极参与，视线是不是向上看，有没有姿态动作，可以通过观察成员们的表现来进行判断。

2) 以何种方式参与

　　不是说成员们所处的立场或是担任的职务，而是观察其在团队活动中起到什么作用。比如说，是在推进活动，在发言，在倾听，在记录，在计时等，在确认各个作用中寻找。

3) 参与度有没有发生变化

　　虽然参与了，但时时刻刻都会发生变化。一定会有这样的情况，刚开始势头强劲，但是成员们在中途时疲倦了，完全不发言了。恐怕是由于对话题不感兴趣，转移到没有利害关系的问题上，或是结论显而易

图 5-10 分析团队成员的状况

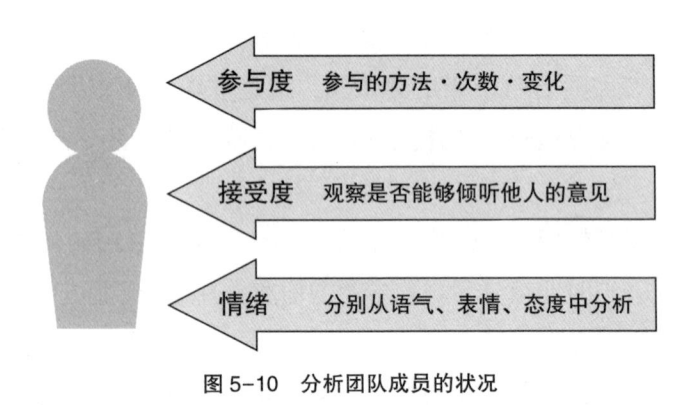

见，关心程度就淡薄了。人们都是对自己关心的事情感兴趣。

(2) 接受程度

接下来，了解一下成员之间的接受程度。比如说，本来打算积极地参加，但是看到其他人的表现就困惑了。还有，准备好好努力的，看到其他人敷衍了事，一切就成为泡影了。

确认是否被对方接受的要点就是"听着呢"。尽快发现这样的信号。比如说，通过视线传达，对于说话内容点头认可，给予回应，说过的内容能重复，做出倾听的姿态。

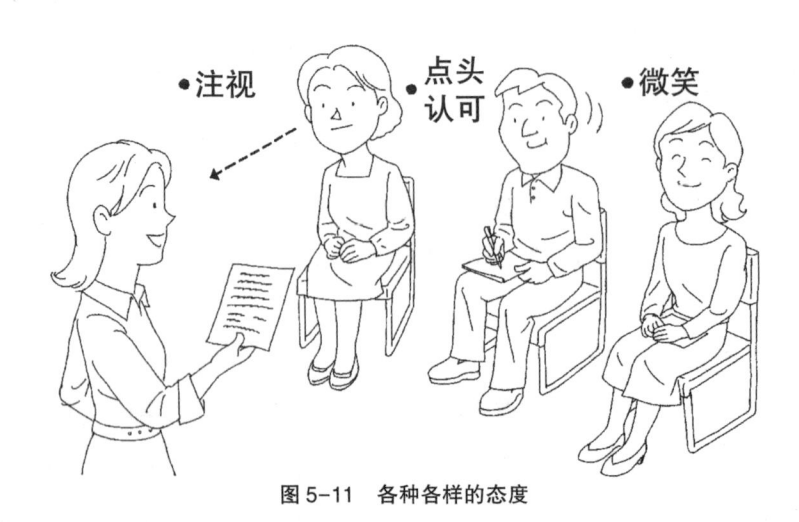

图 5-11 各种各样的态度

（3）情绪

人们在准备传达信息的同时也传达了一个带有情绪的信号。这个信号多是说话方式或是态度等非语言性信息。说话时有以下三个重点。

1）用什么样的口气说话

用什么样的口气说话，影响着对方的心理。比如说抑扬顿挫可以表现出对话题的好恶。声调表达出彼此的兴奋，提问让对方思考的同时也变得谨慎了。即使语言温柔，但是说话方式激烈的话也会令人反感。

2）用什么表情说话

人们可以通过观察表情来了解他人的内心。表情也有很多种。比如说"视线"漂浮不定就表示心理不踏实，"嘴角"翘起说明心中有不满的情绪，"鼻孔"张大就是异常兴奋。可以讲"面部表情"的变化代表着情绪的变化。

3）用什么样的态度说话

正如肢体语言这个词，动作是信息性很强的信号。比如说，"抱着胳膊"表示保护自己，"翘着腿"表示高高在上的感觉，手势多表示有热情，等等。人们通过下意识的动作和姿势不自觉地传递了各种信息。

从以上这些要素中可以看到满足感、骄傲感、不安感和恐怖感等情绪。基于这些，对于想说的会不会顾虑，对于特定的人是否有敌意，或是对于特定的人是否表示支持，了解了团队相关成员之间的关系，才能着手进行团队建设。

✤ 读出成员们心里想的台词

这个要素乍一看从对方的状态中很难把握。请参照一下图5-12的漫画。在漫画中，出现两种语言。一种是口头的语言，另一种就是心里的语言。

观察对方的时候，要问自己："现在，这个人在想什么呢？""现在，这个人想说什么呢？"想象出成员内心里想的内容才是观察成员状态的关键。如果能够想象到这些，就可以说拥有很强的观察力了。

特别是，通过"要是我的话，会怎么想呢"，引发出自己的情绪。再通过"那个人是怎么想的呢"，展开各种各样的想象。这些，不仅对团队建设，对于设计工作程序也会起到很大的作用。

总之，不能很好想象别人心里台词的人，可以在笔记本中间画上一条线，左边记载他的发言，右边记下心里的台词，可以通过这样的方法来进行训练。推荐各位可以在会议中不发言的空隙时进行这种尝试。

图 5-12 分析队员的心声

✤ 能"读懂状况"的三点

接下来，考虑一下团队的整体情况。经常会听到有"看不清状况的人"讲一些无用的话或是多余的话。究竟"状况"到底是什么呢。

用一句话总结就是"没有明说的共识"。就是一种合适的感觉和在这样的气氛下达成共识的情况。在这样的气氛下，全体成员能抓住"现在，是什么情况"，这就是能够"读懂状况"。关于这条有三个要点。

①了解现状，"现在发生了什么"。
②了解情绪，"现在感觉到什么"。
③了解价值，"现在的重点是什么"。

因此，要想尽早了解"现在发生了什么"，就要在团队建设中活用观察力。以下详细介绍了怎样能够读懂会场状况。

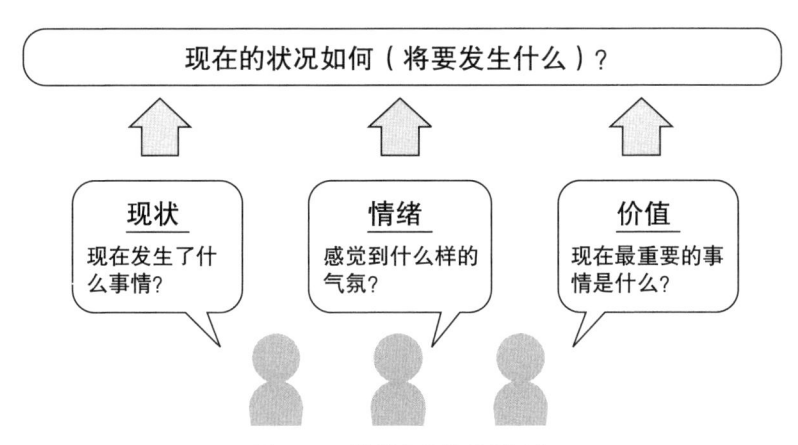

图 5-13 读懂会场状况的要点

（1）情绪

首先把握全体成员的情绪。比如说观察以下几种情绪。

①气氛高涨还是气氛冷场。　　⑥轻松的还是沉重的。
②活跃的还是稳重的。　　　　⑦认真的还是不认真的。
③开放的还是封闭的。　　　　⑧温和的还是冷淡的。
④友好的还是对立的。　　　　⑨攻击性的还是防御性的。
⑤紧张的还是放松的。

首先从整体上观察这些情绪气氛，尽快查找原因，考虑怎样可以使情绪转化。

（2）交流

接下来，观察成员们互相交流的情况。可以说观察团队的关系性是最重要的因素。

通过"量"来追求团队活动的活力。当然包含表情、肢体语言等。交织在一起的是谈话的"质"，通过这个"质"来寻求意识的统一。特别是想说的话有没有表达出来，要注意对方说的是"真话"还是违心的话。

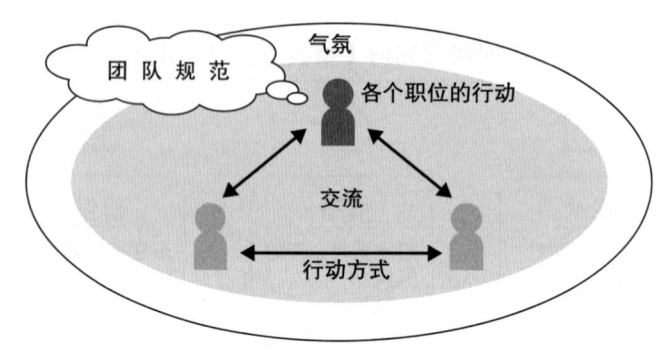

图 5-14 读懂会场状况的五种途径

（3）有作用的行为

这里讲的是观察成员们做的是不是喜欢的合适的工作，是否对团队发挥着作用。特别是观察没有分工时，自然反应出的情况。

重点就是观察谁在发挥着领导者的作用，谁在作为成员执行，谁对课题的达成有影响，谁对团队的发展有贡献。还有能不能把这些作用巩固下来，并且能不能发生变化。

（4）团队规范

发现成员认为什么是需要注意的。比如说，"决定"和"约束"；组织和部门中"隐藏的前提"和"默认的规则"等。之前讲过的，"会场气氛"就是其中一点。

若不能遵守规范，就有可能混淆状况，事态倒置进展成为泡沫。拘泥于规范，事态又会随着理论变化。而且，这样的规范不充分的话，就有必要追加新的规范了。

（5）行动方式

行动方式是指团队的习惯。比如说是不是粗粗拉拉地决定了议案，还是慎重地研究后得出的"意识行为决定的做法"，有没有完善的准备，有没有记录，这些操作规范。

特别是，成员们是不是团结一致朝一个方向——"共同的目标"而努力。对于时间和标准是不是严格，是不是松散，"规范意识"也是行为意识的一部分。以这个为视点来重新观察。

✥ 为了提高观察力

即便了解了观察力的重点，还是有的人会分不清楚状况。为了提高这些人的领悟力，先从以下几方面来试试看吧。

（1）离开一些距离

如果一下子扎进团队中，被强势的劲头包围，将无法冷静地了解状况。那么就与团队保持一些距离，稍稍离远一小步，无论在空间上还是在心理上都保持一些距离，意想不到的是，原本看不见的问题都能被发现。

将角度和距离也改变一下，可以看到很多东西。偶尔还想从房间走出去，什么也不管不顾，这样就能获得很远的距离。像这样，可以帮助人们回到客观的原点，是一种帮助恢复和调整的手段。

（2）不要考虑自己的事情

归根结底人类是考虑自己事情的动物。不可能考虑对方的事情。看不清楚状况的人，也是头脑中只有自己的事情，就算观察周围的人也发现不了什么问题。

把自己的事情从头脑中删除掉，集中精力考虑对方。专注地观察对方的脸，倾听对方的话语。这样做一定会发现很多的信息。

（3）俯瞰团队全局

客观的观察，必须要俯瞰团队全局。刚才讲过的，与现场状况取得一些距离就是其中的一种方法。还有一种方法，不是观察自己，而是俯瞰团队的存在，想象那个人会怎么想。

比如说，从天上看到的人是什么样的，想象一个旁观者看到的团队是什么样的。把自己置身其外，观察自己的情绪和心境的变化。这样应该可以发现很多东西，如果不相信，那么一定要试试看。

熟练篇

图 5-15　俯瞰团队全局

(4) 试着反馈一下感受到的事情

对自己的观察没有信心的人，一般是对什么都感觉良好。"原本认为是……难道是错了？"可以先这样尝试反馈一下。如果是"YES"，那就是观察正确，如果是"NO"，那就在对话中找到焦点。这样反复几次就可以提高观察力了。

如果没有其他人的时候，可以将感受说出来，记下来。用自己的耳朵和眼睛观察，自己进行自我反馈。

(5) 在团队中找到商量的伙伴

观察团队时，只是一个人的观点会有偏差。应该找到团队中持有其他观点的人，将两者的内容进行对比，以确保观察的客观性。一个人在不明白的时候，就需要一个商量的伙伴。

可能的话，在团队中找到可以维持交流关系的人。那样不仅可以提高观察力，还可以通过交流加强两个人的团队意识。

❖ 积攒各种状况的经验

现在介绍一些可以长期提高观察能力的方法。虽然每个人天生带来的观察能力的大小不一样，但是利用以下的方法，长期坚持也可以提高观察能力。

(1) 所谓的情况环境

要想追求食品的美味，就需要品尝很多食品。同样，为了提高对团队情况的观察力，就需要尽可能地实践多种不同的情况。正因为有了很多的临场经验，对于情况的观察能力才能提高。

这个同团队建设是一样的，请记住状况是反复的。

失败的次数可以增长经验，通过痛苦的经验"在这种情况下不能这样做"，"对于像这样的人应该这样对待"，怎样做是对的，怎样做是不对的，自己亲身体验后就清楚了。这样自己也是在积攒自己的经验和实力。

常说"职位是锻炼人的"，其实更应该说是"状况培养了人"。起初，团队建设通过研讨会、学习会获得的知识固然是有用的，但更重要的是要根据现实的实际情况来提高自身能力。如果一个人没有自信的话，可以跟随熟练的人从实际状况中去学习和摸索实践的方法。

(2) 体验多种多样的环境

继续以做美食为例，如果全是同样的食物，舌尖也感觉不出是不是美味。从人间美味到食之无味的食品，品尝过各种食品后口感才会有很大的变化。

要想多积累经验，就要多经历各种会场环境。在世界上，有各种各样的人，也有各种各样的思考方法。扩大自己的视野，面对任何情况都能随机应变，要试着适应除了正常环境以外的工作环境和会议环境。

比如说，商务活动的人，通过参加公司会议、同行会议和工会等活动，能够积累达成社会性的共识的经验。对于社会多样性可能会有很多人感到困惑，那么就要创造出能够解决商务性问题的会场环境。

同样，为达成共识进行交流的人，要多积累解决商务方面问题的经验。那样才会相互融入，达成共识。

（3）从大自然中找到感觉

下决心走出去，亲近自然，将感受到的诚实地表现出来，这样也是最好的训练方法之一。在都市生活中，无论怎么样人们都会感觉有点混沌。如果想从中解放出来，走到大自然里就是最好的方法。

山峰、大海、动物、植物、日常风景等包罗万象的大自然景象都可以为我们找到灵感，提供素材。在城市中，虽是闭上眼睛侧耳倾听，也能听到很多种声音，并且能感受到微风吹过脸颊的感觉。但是想加深这样的感受，那就要改变所有的环境。大家都出去走走，感受一下，从中找到感觉。

图 5-16　在自然环境中提高感受能力

❖ 了解会场情况的训练方法"金鱼缸"

在本章的最后，介绍一下提高观察能力的训练方法。叫作"金鱼缸"。通过这种训练的积累能够瞬间读懂周围的环境。

"金鱼缸"是一种互相观察，推进谈话的方法。通过观察交流的结果，能够逐渐了解团队情况及实际状况。与此同时，观察者还可以得到观察结果的反馈，这样就可以提高观察能力。

这种观察方法就如同金鱼缸中的金鱼一样（讨论的人），观察到金鱼必须从外面向里面眺望（这样子和进行观察的人的样子很像，所以叫作"金鱼缸")。而且，这种方法是一种对于他人的言行能够坦率地给予反馈的很有效的方法，同时还能得到他人的反馈，这种相互反馈是很成效的。这种方法的特征就是可以观察到彼此的心理状态。

✥ 分组进行观察训练

具体的执行方法如下。

①分成两组，一组在里面，另一组在外面坐成一个同心圆。在内圆中间放一张桌子，外侧放上椅子。

②内圆里的人开始讨论一个话题。外圆的人观察内圆里面的人讨论的样子。时间为10~20分钟比较合适。虽然话题自由选择，但是团队成员们发生分歧时会很有意思，这也是"Consensus Game 共识游戏"的一种方法。

③观察的时候，不要考虑"正在说什么内容呢"，而是观察"怎样说的"这种讨论气氛。可以借助观察便利贴来观察全部成员，也可以针对某个人进行观察。

④讨论结束后，观察的一方从讨论组里获得反馈。

⑤讨论组和观察组调换场地重新再进行一次。

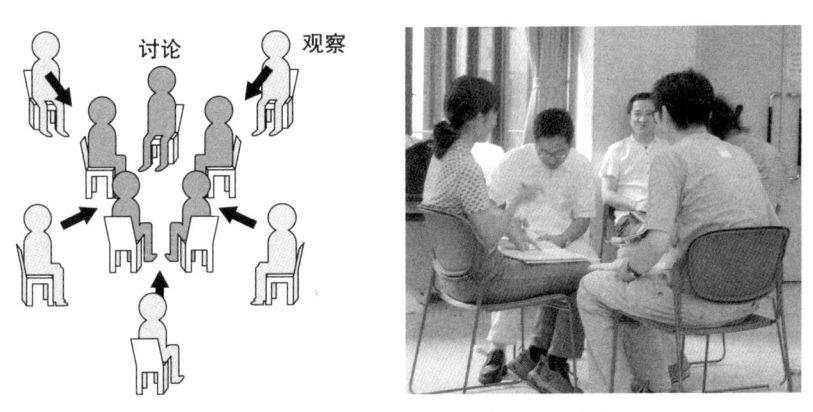

图 5-17 了解会场情况的训练方法"金鱼缸"

反馈的时候，请放弃顾虑，可能会有抵抗情绪的人。但是，如果别人不给我们指出问题的话，我们是不能发现自身的问题的。在这种场合一定要注意，不要关注于特定的个人行为，要观察团队讨论气氛的变化。

● **讨论的题目**

公司旅游地点选在哪里

● **讨论的内容**

- 组员A：日光 组员B：伊豆 组员C：京都 组员D：信州等各种意见
- 原因是："观光"、"亲近大海"、"温泉"、"散步"、"户外运动"。
- 作为论点：①旅游时做什么，②符合公司旅游的条件。
- 讨论的前提，达成共识："旅游是为了增进大家的感情。"
- ①对于第一点分成了两派："热闹积极派"和"悠闲自在派"，在后者上达成共识。
- ②对于第二点交通工具上决定是电车，路程时间是2~3个小时，费用是2万以内。
- 满足以上两点时，志贺、那须、热海、甲府、仙台都是候补的选择。
- 最后达成一致选择草津的志贺高原。由组员C来担任负责人。

● **讨论的过程**

- 年长的组员A先说出自己的观点，其他三个人一边考虑一边得出自己想法。
- 因为组员A引导着谈话内容，其他三个人就不能再讲"开始了"。
- 听取候补的理由，放下目前的想法，参考新的内容。
- 论点主题变化，"现在是不是总结呢"，组员B开始有点担心。
- 不久，推进者整理了论点，消除了全员内心的担心。
- 组员C将最开始的论题提出来，组员A有些跑题了。
- 没办法与组员C观点相同的只有三个人，但是意见最后逐步统一了。
- 热闹积极派和悠闲自在派的讨论开始明显化了，结果是听取多数人的意见。
- 开始寻找候补的方案，弱势的一方貌似没有什么想法。
- 提到"草津的志贺高原"时，就出现了意见统一的气氛。
- 对于最终选择的地点，组员A很满意。没有怎么发言的组员D有些不满意。
- 被迫委以重任的组员C，感觉对组员A的管理有些棘手。

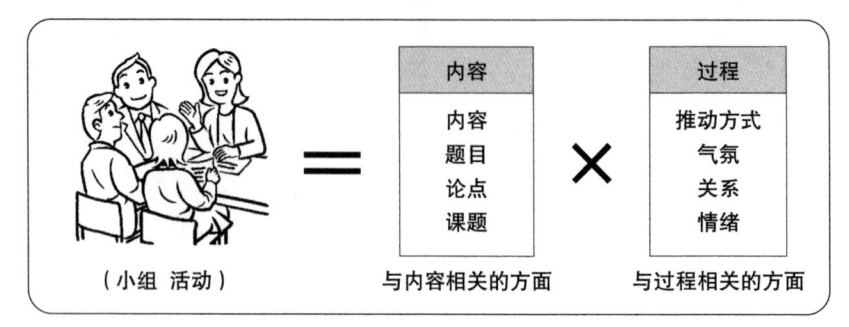

| （小组 活动） | = | 内容
内容
题目
论点
课题
与内容相关的方面 | × | 过程
推动方式
气氛
关系
情绪
与过程相关的方面 |

图 5-18　观察过程

还有，可以借助摄像机，记录大家的观察方法。讨论的人也可以回顾自己的行为。但是，有摄像机的时候，人们多多少少会有些紧张，所以要尽可能打破僵局轻松自然地开始。

✤ 活用交流地图

"金鱼缸"发挥着重要作用，同时利用交流地图也可以起到非凡的作用。

观察者将讨论者的名字写在地图上，将发言情况用线条在地图上表示出来。比如说，成员A对成员B发言时，从成员A向成员B方向画条线。如果面向全员的时候，在中央画一条线。如果发言中途被打断的话，从头开始画一条不到终点的短线。这样做的话，就做成了一张交流地图。

反复训练时，以这张地图为基本依据观察交流是否平衡，为什么固定的几个人说的就多，每个成员都在发挥什么作用，对于这些可以了解些什么内容，这样一下子就清晰了。所以请一定要试试看。

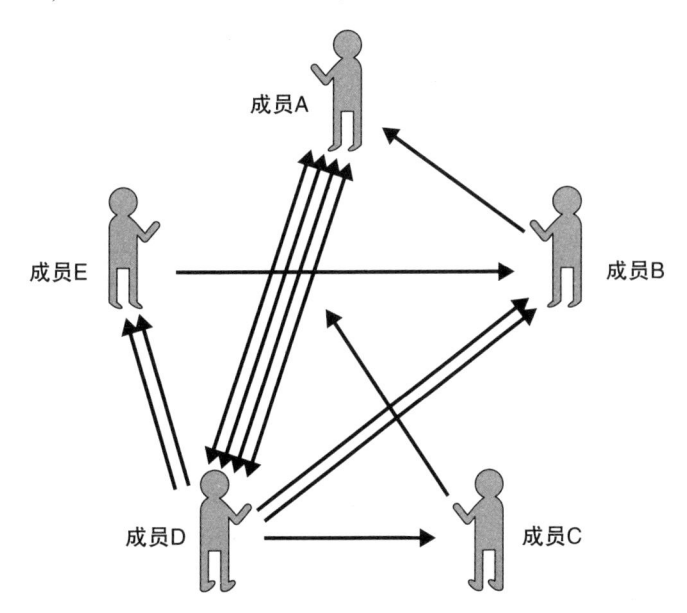

图 5-19　交流地图

Column-7　做好夸奖的准备

工作高质量地结束了，适当的表扬会有很大的作用。比如说，在工作环境或是研修中，在团队竞争中，可以考虑对于表现好的团队，给予点心啤酒或是其他的物质奖励。

在周期比较长的团队活动中，"对达成目标的成员可以奖励旅游或是会餐"，准备一些特别的小活动。或者是准备一些奖品，奖励给很努力的成员。

当然，对团队最大的褒奖应该是完成任务之后的"成就感"。大家完成了目标，在结束时就会士气高涨。成员不仅能努力工作，对于求胜心强的成员来讲，还可以激发出斗志。

此时应考虑的是"承认"，而不是形式上的"表扬"。要"认可成员的成长"，"称赞成员的贡献"。包括简单的一句话，像"做的不错"、"你帮了我很大的忙啊"、"你是不可或缺的人啊"，等等，有时比起那些物质奖励还要有用。这样可以使大家消除所有的疲惫。心中会油然而生："在这个小组中工作真不错。"

而且还可以进行"比起以前，交流的时间多了"，"回答的问题更诚恳了"这样的表扬。

因此，大家不会在意奖励金额的多少，比这更重要的是能够得到认可。即使是最微小的事物，加入了大家的赞赏和感谢会变得无限精彩。

后记

我们应该如何比喻"团队"这个概念呢？每当考虑这个问题的时候，总是会想到一句话。那就是药师寺金堂再建时的栋梁工匠西冈常一的一句话。

当时，参加重建的工匠变得散乱，西冈常一看见后说了这样一句话："建筑不能只依靠好的木材，有一种木材叫作罗汉柏，是在阴坡生长出来的，正常状况下这种木材根本无法用于建筑。但是，如果把这种木材用在光照很差的地方，就可以成为能够坚持使用 100 年的好木材。"这句话向大家传达了每个人存在的重要性，抓住了大家的心理。

于是，在药师寺金堂建成之日，年轻的工匠们在彩纸上写下下面这句话。

"存在各种特点的木材可以组成优良的建筑，具有各种特点的成员可以组成优秀的团队"。

具有不同特点的工匠们组合在一起，通过彼此间的相互合作可以完成任务。组织就是人与人相互搭配组成的整体，这就是团队的本质。

就像本书前言中论述的那样，当团队不能很好地发挥作用时，往往有人会觉得是团队成员的问题，但是，通过学习西冈的思想就可以明白，团队不能发挥作用是因为没有很好地利用每个人的特长和个性。

要想激发团队成员的长处和能力，首先需要建立的就是"信赖感"。我们必须首先要有以下想法，"这个人能力很强"，"希望他很好地发挥自己的长处"，"希望能够共同创造一番事业"等，在这些想法的基础上才能不断地调动团队的力量。虽然感觉好像都是口头上好听的话，但是如果没有对团队成员的"爱"，就不能建立彼此之间的团队关系。

其实我们的日常生活也是团队建设的延续。举例来说，在经常参加志愿者活动的人之间流传着这样一句话"世界的和平就是家庭的不和"，原因是为了世界和平而热衷于志愿者活动的人，反而却因为过度热衷而造成家庭处于战争的状态。这虽然是一个笑谈，但是却表达了"谈世界和平容易，要关心爱护身边的人却很难"这样一层含义。

事实上，任何活动组织者都为三大难关而苦恼。那就是如何促使夫妻达成共识，促使父母与孩子建立良好的关系和如何解决婆媳问题。只要能找到一种方法就能够解决其中任何一个难题，并且会觉得像获得了诺贝尔和平奖一样。

反过来说，家庭正是我们身边最近的团队建设的训练场。人与人之间应互相爱护，互相敞开心扉，互相倾听，大家共同向着同一个目标自发地努力。还可以偶尔通过旅行等共同的体验来形成彼此一体的感觉。我们正是在家庭这个团队建设的场所，学习面对自己，建立人与人之间的关系，互相促进共同成长的。

如上所述，所谓的团队建设，就是在建立与他人之间的关系时事先了解自己的存在价值。

在团队建设过程中，技巧是非常重要的，但是在技巧以外还要求我们在日常的生活中培养为他人考虑的心态，以及重视人的存在感和公平对待的姿态。没有心，技巧就无法发挥作用，没有技巧的心也只能是死气沉沉的。我们需要不断培养自己进行团队建设的能力，请谨记这一点。

现在正是特别需要人与人之间建立良好关系的时代。我们需要培养自己进行团队建设的能力，与周围的人齐心合力，使彼此的思想意识向着好的方向一点一点地改变。

笔者由衷希望阅读完本书之后，大家能够鼓起干劲，把技巧付诸于实际行动。或者在大家为团队关系而困扰的时候，通过本书介绍的技巧能够为大家解决难题。

在本书完结之际，由衷感谢广大人士的支持和帮助。

本书是汇集了很多精英的智慧和汗水共同完成的成果。同时参考了很多文献，在这里特此表示感谢。

尤其值得一提的是，本书是在日本交流协会的活动中创作出来的，实践活动为本书提供了很多良好的建议，书中插图的照片也是从活动中得来的。因为给予帮助的人数过多，不能在此一一列举名字，非常感谢为了交流组织活动的普及以及开发而日夜辛劳的各位同仁。

同时，在此对前作《Facilitation·Graphics》的作者，日本经济新闻出版社的堀江宪一深表谢意。

最后，对一直默默支持笔者的家人表示由衷的感谢，虽然我们说"世界的和平，就是家庭的不和"，但是对于把笔者的事情当作自己的事情一样，与笔者共同开心，不断激励鞭策笔者并热切希望本书成功的妻子和孩子们，在本书执笔过程中，使笔者又一次体会到了家庭的爱的支持。非常感谢，今后也请多多关照。

〈本书照片提供〉

濑部俊司、空井郁男、铃木鞠子、齐藤望

特别附录

立刻使用！

破冰活动 & 团队建设
练习集
120

适合例会使用的方法

祝贺 ★	全体成员按照顺序逐一讲述最近（24小时内、1周内或1个月内）发生在自己身边的喜事或开心的事。其他听到喜讯的伙伴共同给予掌声和祝福。	不限制人数 所需时间10分钟 不需要准备物品
一个汉字 ★	给每个人发一张便签纸或A4纸，要求会议成员用一个汉字来表达自己的感想并且写在纸上，之后按照顺序向大家说明选择这个字的理由。通过不同的汉字表达不同的心情，可以进一步了解团队成员内心深处的想法和性格。	不限制人数 所需时间20分钟 准备便签纸和笔
介绍失败经历 ★	两个人一组用1~2分钟的时间互相介绍自己在工作中失败的经历，然后再用3分钟的时间来互相讨论彼此的失败历程。讨论重点应该集中在引发失败的理由、应对失败的秘诀以及当时心态的变化。	不限制人数 所需时间10分钟 不需要准备物品
Check In ★	"最近身边发生的事"，"感兴趣的新闻"，"现在的心情"等，每个人1分钟按顺序发表。会议结束后，通过"Check Out"将对会议活动的想法与大家分享。	不限制人数 所需时间20分钟 不需要准备物品
自由讨论 ★	两个人一组，根据指定的主题自由讨论。这个活动不仅可以用于促进团队成员关系，对缓和会场气氛也有显著的效果。题目任选，例如最近的烦恼，最近的疑惑，或者是对会议的感想。	不限制人数 所需时间10分钟 不需要准备物品
一句话 自我介绍 ★	给每个人发一张便签纸，组织者在白板上写上题目，例如：姓名、平时的生活、现在的心情等。每个人都根据所给的题目在便签纸上写下答案，并且根据写下的答案按照顺序发表，进行自我介绍。	不限制人数 所需时间15分钟 准备便签纸和笔
知识问答 ★	事先准备几个与会议主题相关的问题，例如："A公司的市场占有率"，"日本医生的数量"，"去年烟草的消费数量"，由个人或团队来研究答案。如果问题难度过大，可以给出3~5个选项来选择。	不限制人数 所需时间15分钟 不需要准备物品
One Word 一个词语 ★	根据所给的主题联想一个词语并向大家介绍选择这个词语的原因。也可以规定每个人都接着前一个话题，由大家共同创作一个即兴剧本。	不限制人数 所需时间15分钟 不需要准备物品

适合短时间研讨会使用的方法

与A相比 更喜欢B ★	全体成员组成一个圈，第一个人说"我喜欢〇〇"，然后相邻的人继续说"与〇〇相比，我更喜欢△△"，说出更喜欢的东西。这样，一直传递下去，全体持续1~3周左右。	需要10人 所需时间10分钟 不需要准备物品
Q&A ★	全体成员在便签纸上写出自己想问的1~3个问题，然后贴在白板上。按照顺序分别进行自我介绍，每人介绍完毕后都揭起一张便签纸并回答问题。如遇到不愿意回答的问题可以不用回答。	不限制人数 所需时间20分钟 准备便签纸和笔
真的 还是假的 ★	分成由几个人组成的小组，每个人都写出四条关于自己的事情。要求其中有一个是假的。写完之后按照顺序介绍，听的一方把认为假的事情记录下来，全员介绍完毕后，开始公布谜底，看看是否猜中。	不限制人数 所需时间30分钟 准备纸和笔
能够写出来吗 ★	要求写出用汉字组成的词语，以个人或团队的形式来竞争能写出的数量。也可以用"英语中以-ment为结尾的词"为题。	不限制人数 所需时间10分钟 不需要准备物品
是输 还是赢 ★	大家都站起来与组织者猜拳并都在组织者出拳后再出，但是开始要求要赢，之后要输。这样交替进行。错误的人就坐下，打乱输赢的顺序会更有意思。	不限制人数 所需时间10分钟 不需要准备物品
倾听 ★	给出5~10个题目，两个人一组，其中一方选择自己喜欢的题目发表3分钟左右的意见，听的一方只能认真倾听，即使有反对意见也不能说出来。还可以组成两层圆圈，不断变换倾听的对象。	不限制人数 所需时间10分钟 不需要准备物品
为小组 取名字 ★	分组后，根据组织者的提示为小组取名。例如：食物（料理或点心）、运动、店名（西餐馆）、交通工具等。重点是要根据全体的意见来取名。	不限制人数 所需时间5分钟 不需要准备物品
谁是有 经历的人 ★	大家共同组成一个圆，组织者提出一些和经历有关的问题，例如：早饭吃了面包的人、去过中国的人等。符合要求的人听到问题后立刻撤出原来的圆圈组成一个新的圆。注意应该把经历多的与经历少的成员组合在一起来提问。	不限制人数 所需时间20分钟 不需要准备物品

确定小组象征性标识 ★	确定小组名称后(或为小组取名的同时) 大家共同来确定小组象征性的标识。确定下来之后，用模造纸或A3纸画下来放在小组桌子的一侧或贴在墙壁上。	不限制人数 所需时间15分钟 准备纸和笔
谈话圈 ★	确定发言的顺序后，在团队中互相进行自我介绍并阐述自己的想法，其他人不能插话只能倾听。与谈话棒游戏并用会更有趣(只有拿到谈话棒的人才能发言，可以用塑料瓶或指示棒等都可以)。	不限制人数 所需时间30分钟 不需要准备物品
Snow Break 雪花碎片 ★	每个人发一张纸，并且把纸对折。用手撕掉纸的一部分后再对折，全体成员一起重复这样的动作3~4次，之后一起把纸打开，互相展示最后的效果。这是一个体验多样性的游戏。	不限制人数 所需时间10分钟 准备A4大小的纸
介绍他人 ★	互相不认识的两个人组成一组，其中一方利用3~5分钟的时间介绍一下自己或自己感兴趣的事情等，另一方完全作为听众，完成互相之间的采访之后，每组成员都要轮流介绍对方。	不限制人数 所需时间30分钟 不需要准备物品
拍手 ★	主持人竖起一根手指，大家就击掌一次。竖起两根手指就击掌两次，大家一起跟随主持人的指示击掌，并且掌握适当的时机和时间。主持人一点点加快速度，这样在这个过程中很容易产生团队一体感。偶尔加入一些需要思考的问题会更加有趣，例如："马有几条腿"，"蜘蛛有几条腿"等。	不限制人数 所需时间10分钟 不需要准备物品
流星 ★	根据组织者的提示画画。例如："请先画一个流星，然后画一个月亮……"完成之后，互相展示画的效果。通过这个游戏可以体会到不同的人对相同的内容的不同理解。	不限制人数 所需时间10分钟 准备纸和笔
肖像画介绍 ★	互相不认识的人组成一组，按照介绍他人的活动要领，互相采访对方。在倾听的同时要画一张对方的肖像画。之后，拿着肖像画向全体人员介绍自己的伙伴。	不限制人数 所需时间15分钟 准备纸和笔
1个、2个、3个 ★	按照下面的要求进行自我介绍："现在的梦想1个"，"人生中的亮点(最高兴的事情) 2个"，"愿望(希望尝试的事情) 3个"。	不限制人数 所需时间30分钟 不需要准备物品
My Best 我之最 ★	"我最喜欢的食物"，"最尊重的人"，"最幸福的时刻"，"最高兴的事情"等，按照顺序介绍自己生活中最好的部分。还可以适当加入最差的部分(Worst)，这样会更加有趣。	不限制人数 所需时间30分钟 不需要准备物品

比喻 ★	自我介绍时，把自己比喻成其他事物来介绍，例如动物、车的一部分、电器产品、身体的一部分、食物、小店、乐器等。通过比喻能够使大家了解到平时看不到的自己的一面。	不限制人数 所需时间20分钟 不需要准备物品
寻找优点 ★	两个人一组，寻找对方的五个优点并记录下来，然后分别向大家介绍。不断变换分组，不断发现团队成员的优点。	不限制人数 所需时间20分钟 不需要准备物品
昵称 ★	为了使大家能忽略职位和头衔，把精力集中在讨论内容上，每个人都要取一个只在会议或研讨会期间使用的昵称。并在自我介绍时先介绍为什么起这个昵称。	不限制人数 所需时间20分钟 不需要准备物品
接力介绍 ★	全体围成一个圆圈，分别与两边的人进行2分钟左右的对话。在简单自我介绍的同时寻找彼此的共同点。然后开始以接力的形式进行自我介绍，例："我与坐在右边的某某在某些地方有相同的……"	不限制人数 所需时间20分钟 不需要准备物品
我的一天 ★	两个人一组，其中一人向对方介绍一下自己比较典型的度过一天的方法，另一方倾听。然后交换角色。介绍时可以以24小时为单位。	不限制人数 所需时间15分钟 不需要准备物品
形容我 ★	每个人在纸上写出三句话介绍自己，例："我是……的……"介绍完毕之后，听的一方要想出一个形容词来形容对方，最后大家一起发表自己思考的结论。	不限制人数 所需时间15分钟 准备纸和笔
握手链 ★★	大家组成一个圆，首先决定起点的位置。这个位置上的人站在他右侧相邻的人面前，说"我是某某"，互相介绍自己的名字，其次说"某某你好"，互相称呼对方的名字。最后互相说"请您多多关照"。这个过程结束之后，移向相邻的人，重复相同的事情。	需要10~30人 所需时间10分钟 不需要准备物品
谎言 自我介绍 ★★	编一段谎话进行自我介绍，例如："我是总理大臣，平时……"其他人听完自我介绍后对介绍的人说一些赞美和尊敬的评论。从谎言中可以看出一个人隐藏的愿望和个性。	不限制人数 所需时间20分钟 不需要准备物品
活动身体 回答问卷调查 （房间的四角） ★★	把会场的前方定为100分，后方定为0分，提出问题后，大家用自己所站的位置来表示自己的想法。例如可提问"现在的干劲如何？"也可以把房间的四个角作为四个选项，或加上房间中心部分组成五个选项。	不限制人数 所需时间15分钟 不需要准备物品

彼此靠近 ★★	两个人一组，互相靠近。两个人尽可能地靠近彼此，挑战能够靠近彼此的极限。游戏结束之后，分别询问能够靠近和不能靠近的小组的理由。在这个练习中，能够使大家认识到人与人之间距离感的定义和人与人之间不同关系的差异。	不限制人数 所需时间 5 分钟 不需要准备物品
钱包 ★★	两个人一组，把钱包中的东西都拿出来一边介绍一边说明自己的日常生活以及自己的特性。比起普通的自我介绍，在这里会出现一些关于人品方面的问题。当然这是一个需要大家都比较放开的游戏，涉及个人隐私问题的话要慎重考虑。	不限制人数 所需时间 10 分钟 准备钱包
背后文字 ★★	两个人一组，决定主次方角色。首先，次方把后背面向主方，主方把自己的名字用手指用片假名写在次方的后背上，注意不能写姓。次方根据感觉猜出主方写的名字。可以组织大家比赛谁所需时间最短，这样气氛会更加热烈。	不限制人数 所需时间 10 分钟 不需要准备物品
(Name Toss) 喊名字投球 ★★	大家围成一个圈，每个人取一个自己喜欢的昵称，全员都要记住。然后，一边说"某某，我是某某"，一边投球，接球的人回答："某某，谢谢。"这样反复练习，皮球的数量会不断增加。	需要 20 人 所需时间 15 分钟 准备皮球（许多）
镜子游戏 ★★	两个人一组互相面对。两人间的距离可以根据房间大小自由调整，最恰当的距离为 1~1.5m。两人中决定主方和次方，首先由主方举起右手，次方则像镜子一样举起左手。大概 2 分钟左右相互交换角色。	不限制人数 所需时间 10 分钟 不需要准备物品
讲故事 ★★	两个人一组，其中一个人介绍一个自己最喜欢的物品，包括得到这件东西的缘由，喜欢的理由等。之后，另一方完全把自己当作那件物品进行介绍，例："我是某某的电话，他总是把我带在身边，我很开心。"	不限制人数 所需时间 15 分钟 不需要准备物品

分组使用的方法

甜蜜的伙伴 ★	将糖果放置在入口处或签到台上，每个入场人员都可以选择一个自己喜欢的糖果。糖果的种类与分组的数量相一致。参加者选择糖果后，入场坐在事先放置了糖果名称的相应座位上。这是一个与抽签相似的分组方法。	不限制人数 所需时间 1 分钟 准备糖果
标语牌 ★	把要求写在纸上贴出来，符合要求的人集合起来组成一组。或者把讨论的话题公布出来，愿意讨论相同话题的人组成一组。或者组织者公布讨论主题，愿意讨论相同话题的人举手并组成一组。	不限制人数 所需时间 10 分钟 准备纸和笔

重组 ★	这是重组小组的一种方式。在各个小组中抽出特定的人员组成新的小组。例如：发言最多的人、对主题了解最多的人、高个子的人、爱动的人等。	不限制人数 所需时间10分钟 不需要准备物品
贴贴纸 ★	在工作的时候，给团队每位成员的后背贴上一枚贴纸。到了分组的时间，贴纸图案相同的人组成一组。但是在整个分组过程中不能说话。	不限制人数 所需时间10分钟 准备贴纸
寻找同伴 ★	把照片或图画撕成碎片，入场时每人发一片。入场后，寻找各自的伙伴，把照片恢复原状，同一个照片的人组成一组。也可以在入场时发给每人一张带有数字的卡片。	需要20~50人 所需时间10分钟 准备照片或图画书
号码 ★	例如，当把20人分为4人×5组时，可以把参加者按照顺序编成1、2、3、4、5、1、2、3、4、5……的号码，请每个人记住自己的号码。全员编号完毕后，相同号码的人互相招呼组成一组。	不限制人数 所需时间5分钟 不需要准备物品
排列 ★	根据组织者的指示按照一定的顺序排列成一个圆圈，例如，按照生日顺序、五十音图的顺序、到会场时间的先后顺序或早晨起床的早晚顺序等（也有不使用语言的方法）。然后从第一个人开始按照小组的数量按顺序给每个人排号，号码相同的人组成一组。	不限制人数 所需时间15分钟 不需要准备物品
寻找共同项 ★★	根据组织者给出的题目，团队成员写出各自的答案，答案相同的人组成一组。例如："经常在便利店中买的饭团的材料是什么？"成员回答有梅子、海带等，答案相同的人组成一组。	不限制人数 所需时间15分钟 不需要准备物品
瞬间分组 ★★	全体人员集合在一起，组织者给出题目，例如：第一次见面的人、血型相同的人、出生月份不同的人、喜欢相同运动的人、不同部门的人、不同兴趣的人等，大家即兴分组。	不限制人数 所需时间几分钟 不需要准备物品
动物园 ★★	把写有动物名称或画有动物图片的卡片发给成员，相同图片的人组成一组。但是，在找寻同伴的过程中禁止说话，只能凭模仿自己卡片上动物的叫声。此时会场到处都是动物的叫声，就像动物园一样。	不限制人数 所需时间5分钟 准备动物卡片
Number Call 喊数字 ★★	大家随着音乐围成一圈转圈。组织者在适当的时候敲钟或拍手，大家根据敲钟或拍手的次数组成一组坐下来。另外还可以在数量的基础上加上附加条件，例如："男女混合"等。	不限制人数 所需时间10分钟 不需要准备物品
人形矩阵 ★★	在会场内设置横轴和纵轴，每个人根据给出的条件站在最适合自己的地方。例如，可以把纵轴设置为对会议主题的兴趣度，横轴设置为具体的经验年限。在这个活动的基础上既可以选择把相同的人组成一组，也可以把不同的人组成一组。	不限制人数 所需时间15分钟 不需要准备物品

适合大型研讨会使用的技巧

1、2、3 ★★	全体或者以小组为单位，按照"1、2、3…"的顺序依次喊出数字。不许事先商量顺序，也不允许进行口头或是目光的暗示。如果出现错误或者多人同时喊出数字，游戏就要重新从头开始。比想象中更有难度，熟悉之后用车站名称或节日名称替代数字会更加有趣。	不限制人数 所需时间10分钟 无需准备物品
外部刺激 ★★	大家手拉手围成一个圆圈，作为起点的人用力握一下右侧的人的手。被握的人在接收到信号的同时握一下自己右侧的人的手，比赛如此循环一周看哪组用时最短。闭眼或者左右手同时发出信号进行游戏的话会更有趣。	不限制人数 所需时间10分钟 无需准备物品
接空气球 ★★	全体围成一个圆圈，假想出一个球传给同伴，大家做好接球准备。如果没有眼神交流就扔过去的话，对方就没法接球。人数越多越有趣，球数增加会更有趣。	不限制人数 所需时间15分钟 无需准备物品
外来语 日语化争冠军 ★★	将"ファシリテーション（Facilitation）、マーケティング（Marketing）、ビジョン（Vision）"这类外来语转化为简单易懂的日语，以个人或小组为单位进行对抗赛。也可以作为讨论会之前的准备活动来使用。	不限制人数 所需时间30分钟 无需准备物品
肩部按摩 ★★	两个人为一组，其中一个人坐在椅子上，另一个人绕到他的后面，为坐着的人按摩肩部。一分钟后双方交换，做同样的事情。"用身体感受一下一分钟的长度"，这样有利于提高时间观念。	不限制人数 所需时间5分钟 准备椅子
最终选择 (排次序) ★★	准备A或B两个提示选项，让对方凭直觉选择一个。然后，对"为什么要选这个"，"能否换个角度思考"进行讨论。需要注意的是选项没有正确答案，而是从不同的角度对问题进行思考。也可以准备两个以上的选项或是对选项进行排序。	不限制人数 所需时间10分钟 无需准备物品
Catch 抓手指 ★★	围成一个圆圈，把左手食指放在旁边的人的面前，手指朝下，旁边的人为了抓住其手指要将右手手掌向上打开。当主持人发出"开始"的命令时，成员每个人要一边尽力去抓住右边的手指，同时还要为了不被别人抓到，而将左手手指向上抬起。	不限制人数 所需时间10分钟 无需准备物品
寻找共同点 ★★	两个人为一组相互交谈寻找共同点。找到之后，将重合或者不重合的部分拿去再和另一个人找共同点。游戏进行5分钟左右，共同点最多的两个人胜利。也可以事先给出"衣服种类相同"之类的限定。	不限制人数 所需时间10分钟 无需准备物品

语言·动作 加法游戏 ★★	全员围成一个圆圈，开始的人说一句话或者做一个动作，右边的人模仿之后，即兴加一句话（一个动作）。如此反复，语言或动作不断增加，看看能持续到哪里。	不限制人数 所需时间 10 分钟 无需准备物品
语言·动作 传递游戏 ★★	全员围成一个圆圈，开始的人说一句话或者做一个动作，右边的人模仿。如此反复，将语言或动作传递下去，比较速度和准确率。语言和动作越复杂越有趣。	不限制人数 所需时间 10 分钟 无需准备物品
猜拳大富翁 ★★	参与者每人拿 1 元钱，向邻近的人简单地介绍自己后猜拳，赢的人获得输家的钱。重复这一过程，直至最后一个人赢得所有的钱。参与人数越多越热闹。	不限制人数 所需时间 15 分钟 准备 1 元钱
猜拳列车 ★★	和邻近的人组成二人组，简单地介绍自己后猜拳，输家站到赢家身后，并将手搭到其肩上。重复这一过程，将列车相互连接，直至最后形成一长列列车。	不限制人数 所需时间 10 分钟 无需准备物品
签名运动 ★★	"会乐器的人"、"喜欢春天的人"、"上周吃了拉面的人"等，预先列出各种各样属性的目录，在会场中找出符合的人，收集签名。	不限制人数 所需时间 10 分钟 准备列表和笔记用具
制作地图 ★★	想象地板上有张全国的地图，让大家站在"出生地（故乡所在地）"，"最想去的地方"或"最想居住的地方"等位置，靠全员来做出地图。	不限制人数 所需时间 15 分钟 无需准备物品
拍手 ★★	围成一圈，作为起点的人"啪"地向左边拍一下手，将拍手的动作传递下去。重复这一动作，按顺序拍手，全员传递一圈。最初速度可以慢些，然后逐渐加速。同时加上反向进行会更加有趣。	不限制人数 所需时间 10 分钟 无需准备物品
水果篮子 ★★	大家坐在椅子上围成一圈，站在中心的人（扮鬼）只要喊"……的人！"符合条件的人就必须起身离开座位，移动到别人的座位上。没有抢到座位的人就是下一个"鬼"，站在中心发出下一个指示。	需要 20 人 所需时间 15 分钟 准备椅子
山峰山谷图 ★★	用至今为止人生的幸福度（激情度、开朗度等）做竖轴，年龄做横轴制作一个表格，以最高点为话题写一段文字。大家使用这个互相进行自我介绍。也可以使用水流状图或远足状图来表示。	不限制人数 所需时间 30 分钟 准备纸和笔记用具
邻居的证词 ★★	围成一个圆圈，相邻的两个人进行简单的自我介绍。然后调换座位，保证刚才相邻的两个人不再相邻。调换后相邻的两个人再次进行自我介绍。看看经过多少次移动之后会出现第一次的座位顺序。	不限制人数 所需时间 20 分钟 无需准备物品

安全地带 ★★★	将绳索围成一个圈，全员站到圈内。必须要双脚都在圈内。将绳圈一点点缩小，比较哪一组能缩到更小。是要求转换思维的游戏。	需要 10 人 所需时间 10 分钟 准备绳子
蜘蛛巢 ★★★	在人可通过的空间内，用橡胶绳围成巨大的蜘蛛网。一个人一个人地穿过蜘蛛网。要求不能碰到蜘蛛网。但是，被撑开的洞要及时补上。	需要 10 人 所需时间 20 分钟 准备橡胶绳
椅子游戏 ★★★	围成一个圈，将双手搭到前面人的双肩上。听到开始的声音，全员一齐轻轻地向后坐到后面人的膝盖上（前面的人将坐到自己的膝盖上）。顺利完成的话，再换一个方向重复一次。	需要至多 50 人 所需时间 10 分钟 无需准备物品
气球列车 ★★★	排成一列，在前面的人的后背和自己的肚子中间，夹一个气球。列车排好之后，在气球不掉下来的前提下，缓缓移动。途中如果有气球掉落，前头的人就换到列车最末尾的位置上去。	需要 20 人 所需时间 10 分钟 准备气球
钻呼啦圈 ★★★	全员手牵手围成一个大圈，仅在一处两个人手持一个呼啦圈。呼啦圈保持不动，大家手拉手钻过呼啦圈，直至全员钻过，重新围成一个和原来一样的圆圈。	需要 10 人 所需时间 10 分钟 准备呼啦圈
呼啦圈接力 ★★★	全员手牵手围成一个大圈，在某一个人身上套一个呼啦圈（或者绳子围成的圈）。不许松手，将呼啦圈传递一周。多做几次，挑战最短时间。	需要 20 人 所需时间 10 分钟 准备呼啦圈
闭眼游戏 ★★★	先围成一个圈，全员在闭上眼的状态下，围成一个正方形，围好的时候宣布完成。可以再做几次正三角形或长方形，团队进行竞赛，比较完成时间长短会提高乐趣。	需要至多 50 人 所需时间 20 分钟 无需准备物品

适合研修或集训使用的方法

价值观排序 ★★	这是以价值观为主题的共识游戏。没有正确答案，是为了明白互相之间价值观的区别的游戏。例如，以"我人生中最重视的东西"为题目。先将权力、健康、学历、爱情、名誉、金钱、诚实等项目，进行个人排序，然后在团队内进行相互讨论。	不限制人数 所需时间 60 分钟 准备表格
广告撰稿人 ★★	从杂志或网上收集很多的图片，分组发放。每组选出最喜欢的一幅图，为之撰写题目（宣传词）和解说。目的是激发和发散思维。	不限制人数 所需时间 30 分钟 准备图片

模拟顾问 ★★	将所有人分为两组，咨询方和被咨询方。两个人为一组，咨询方诉说"困惑的事情"和"现在想做的事情"之后，被咨询方提供建议。轮换分组3~4次后，咨询方和被咨询方互换。	不限制人数 所需时间40分钟 无需准备物品
Consensus Game 共识游戏 ★★	对于提出的项目，先自我排序，之后以小组为单位进行排序的游戏。目的是体会达成共识的难度。代表作有"月球迷途"和"逃出沙漠"等游戏。原创游戏更好。	不限制人数 所需时间60分钟 准备表格
沙漠逃生游戏 ★★	在一架坠毁于沙漠中的飞机上，仅存有12件物品，将其以重要度进行排序。手电筒(4)、地图(9)、雨具(6)、指南针(8)、手枪(7)、降落伞(5)、食盐(12)、水(3)、有关沙漠中可食用动植物的书(10)、一人一件的外套(2)、化妆镜(1)、伏特加(11)。 ※( ) 表示正确顺序	不限制人数 所需时间60分钟 准备表格
扮演新闻记者 ★★	从报纸上选出近期的3~4段新闻，去掉主标题、副标题和配图，复印分发。以新闻内容为基础，以个人或是小组为单位，创作出标题和配图，然后相互比较，选出最佳作品。	不限制人数 所需时间20分钟 准备新闻报纸
亲和图法 ★★	将写有想法意见的便签纸散发全成员，找出相似意见的人组成一组。以"小组→中组→大组"为顺序反复操作，构成新的意见。集体做出来的成就感，会为团队凝聚做贡献。	不限制人数 所需时间60分钟 准备便签纸和笔记用具
月球迷失游戏 ★★	迫降于月球的飞船里，仅存15件物品，将其以重要度进行排序。火柴盒(15)、食物(4)、绳索(6)、降落伞(8)、便携式暖气(13)、手枪(11)、奶粉(12)、氧气管(1)、星座图(3)、救生艇(9)、指南针(14)、水(2)、照明弹(10)、急救箱(7)、收发音机(5)。 ※( ) 为正解	不限制人数 所需时间60分钟 准备表格
团队的优点 ★★	以4到10人为一个小组，以"我们团队(组织或公司)的优点或长处"为题目，每个人在便签纸上写出三条。然后按顺序依次向大家进行介绍(不可一次性介绍三条)，同时将便签贴在桌子或者模造纸上。	不限制人数 所需时间30分钟 准备便签纸和笔记用具
Trend 挑选成员 ★★	一旦分组后，从每组中选出一个成员，组成一个新的小组。但是，禁止用石头剪子布、抽签、立候选人或是强制的方法选择成员，必须找到一个大家都认可的理由。	需要20人 所需时间30分钟 无需准备物品

费米推断 ★★	这是一个逻辑游戏。选择"全国有多少钢琴调音师"，"全国哪里寺庙最多"，"坦克的价钱是多少"这种大家都不清楚答案的问题，集合大家的知识和思考力来讨论正确答案。	不限制人数 所需时间 30 分钟 无需准备物品
Brain Storm 思维训练 ★★	练习在遵守"自由开放"、"严禁批判"、"奇思妙想"、"量重于质"这四项规则的前提下，以团队为单位进行集思广益的练习。至于议题，选择"塑料瓶的再利用"，"迟到时的借口"，"美味啤酒的喝法"这类简单的话题为好。	不限制人数 所需时间 30 分钟 准备纸笔
Mind Map 思维地图 ★★	将主题写在纸的中央，把涌现出的想法根据切入点的不同，分别以树状图的形式写在议题的周围。想法由会议的主持人来写也可以，如果全体参会者可以亲笔写下自己的想法，效果会更好。然后讨论大家有哪些意见一致的地方。	需要最多 20 人 所需时间 30 分钟 准备纸笔
用三点总结 ★★	选取"拉面"、"音乐"和"街道的魅力"为话题，通过主要的三个要素或者切入点对其进行描述（例如：拉面＝面+汤+容器）。从日常的素材开始，逐渐向自己研究的课题靠近。	不限制人数 所需时间 20 分钟 无需准备物品
抢椅子 ★★★	将参加者分为三组，并将写有"把所有椅子围成圆形"、"把所有椅子摆放在门口"、"把所有椅子摆放在窗边"的指示书分别发给大家。做好准备工作后，要求全体参加者在 15 分钟内完成指示。重点是能否协调统一，找到消除对立的方法。及时的回顾总结也是必不可少的。	不限制人数 所需时间 45 分钟 准备椅子
合作猜谜 ★★★	将厚纸片或者报纸切碎做成拼图发给大家，分组竞赛，最快将其复原的小组获胜。但是，在游戏中禁止讲话。即使自己的碎片可以和其他人的对在一起，也不允许抢夺他人的碎片。	不限制人数 所需时间 30 分钟 准备拼图纸
粘贴画 ★★★	事先准备好大量的照片、杂志和碎布，每个人都在其中选择喜欢的部分剪下，随意的粘贴在图画纸上，制作出一幅"作品"。完成以后，将作品向全体成员或者在小组内部进行展示，并讲述自己的创作意图，其他的人也要发表自己对作品的看法。	不限制人数 所需时间 40 分钟 准备杂志和文具
开始&停止 ★★★	5~6 人为一组站成一排，直视前方从起点出发走向终点。不可以发送暗号或者喊口令。直到大家能感觉到彼此的步调，同时迈步并同时停下时游戏就结束。	不限制人数 所需时间 30 分钟 无需准备物品
共同起立 ★★★	两个人为一组，脚尖相对，曲膝而坐。然后手牵手，相互拉拽，一起站起来。如果两个人成功完成，可以增加人数，或者将游戏由面对面改成背靠背等。提高难度的话效果更好。	不限制人数 所需时间 15 分钟 无需准备物品

钻报纸 ★★★	5~6人一个小组，给每组发一张报纸。各组把报纸撕开，比比哪个组能撕成让成员钻过的圆环，必须保证纸环不断。	不限制人数 所需时间20分钟 准备报纸
Trust Fall 信任跌倒 ★★★	两个人一组，一人手抱胸前，闭眼站立。喊出开始后向后倒，另一人接住。熟悉之后增加人数，可以由全员来接向各个方向倒下的人。	不限制人数 所需时间30分钟 无需准备物品
智慧圆圈 ★★★	成员手牵手围成圆圈，然后交错穿插，但是要保证手不能松开。接着由队长指挥，解开缠绕，变回圆圈。之后再来一次，但这次不由队长下令，而是由成员自发行动。谈谈与第一次相比有什么不同。	不限制人数 所需时间30分钟 无需准备物品
人形雕塑 ★★★	两人以上组成一组，用身体表现出例如"东京塔"、"电脑"等形象。熟悉之后，可以增加组员，除物品之外，还可以尝试表现"公园"、"职场"等场景。	不限制人数 所需时间30分钟 无需准备物品
箱子里有什么 ★★★	在大箱子里放进一个物品（文具等），然后封上。可以掂箱子、晃箱子等，小组之间在不打开箱子的情况下，竞猜箱中的物品。但是不能以数量取胜而乱猜，必须要给出小组全员达成一致的答案。	不限制人数 所需时间30分钟 准备箱子和物品
Pair Walk 搭档行走 ★★★	两个人一组，一人闭上眼，让另一人牵着在屋外散步，体验不使用视觉而用其他感官的感觉。一开始可以扶着手或肩，熟悉之后试着改为用声音指挥。	不限制人数 所需时间30分钟 无需准备物品
纸塔 ★★★	小组间对抗，给每组发30~40张A4纸，制作出尽量高的"能独自支撑"的塔。开始制作之前，先给10~15分钟讨论策略，之后仅给3~5分钟制作纸塔，比比哪个小组制作得高。也可以用吸管制作。	不限制人数 所需时间30分钟 准备纸
模拟贸易游戏 ★★★	分出多个小组，准备纸、笔、纸币等资源，并不平均地分配，用这些制作商品，到"国际银行"换钱。考验队员如何将特产资源最大化利用，"同国"之间如何互相合作，使得利益最大化。最后比较谁的收益最高。	需要50人 所需时间60分钟以上 准备纸、文具等
快速传球 ★★★	围成圆圈之后，一人手持皮球，然后球绕圆圈传一遍（必须每个人都碰到），比赛完成的速度。每次传球的时间都记下来，小组之间对比。当研究出窍门之后，速度会有飞跃式的提高。	不限制人数 所需时间20分钟 准备皮球

树立共同目标的技巧与方法

SWOT 强弱优劣分析 ★★	成员对团队的"优势(资源)、劣势(需解决的问题)、机会(推动力)、面临的威胁(阻力)"加以分析，并分条总结。对"如何将其他两项进行组合并出现怎样的结果"进行讨论，由此可将大家对团队前景的展望进行总结。	需要20人 所需时间60分钟 准备白板
Wish Poem 愿景诗歌 ★★	全体成员闭上双眼，在脑海中对未来进行展望，把涌现出的想法，以"要是……就好了"或者诗歌的形式在卡片上写下来。然后大家进行一次发表，如果有相同的想法，就把卡片收集起来，一点点总结出对团队前景的展望。	需要20人 所需时间60分钟 准备纸和笔记工具
Will/Can/Must ★★	成员对"想做的事情(Will)"、"能做的事情(Can)"、"必须做的事情(Must)"进行意见交换，将大家的意见整理成圆形交叉图。重点着眼于圆圈重叠的部分，总结大家对团队前景的展望。	需要20人 所需时间60分钟 准备白板
喜欢的事 讨厌的事 ★★	将活动中"愉快的、想做的"这类肯定的内容和"讨厌的、不愿意做的"这类否定的环节列举记录下来。针对"大家为什么会这样想"进行讨论，引出理想的活动方案和大家最重视的价值观。	20人 所需时间60分钟 准备白板
时间机器 ★★	想象自己N年以后的样子，"那时候我想成为什么样的人呢"，把自己的想法记录下来。然后，为了实现这个愿望就必须描绘出自己N/2年的样子。更进一步，还要对N/4年后的自己进行描绘。	需要20人 所需时间30分钟 准备白板
增加/减少 ★★	列举团队中"从今往后应该有所发展的地方"和"从今往后应该有所抑制的地方"，将大家的想法加以总结做成一览表。根据一览表对今后的姿态和面貌进行讨论，展望团队的前景。	需要20人 所需时间60分钟 准备白板
编故事 ★★	发给每个组4~6张卡片(图片或者照片)，将这些卡片重新排列，编个小说(故事)。完成后，每个小组进行发言，感受故事多样性的同时也要思考隐藏在故事中的想法。	不限制人数 所需时间60分钟 准备图片和照片
未来的报纸 ★★★	先分组，然后每个人分别想象在1年或多年后，有可能在报纸或杂志上报道一些关于团队的新闻。然后将假想的报道收集起来，通过小组讨论，选择出其中一些报道，设计制作成新闻报纸。完成后向全员发表，然后思考团队的目标和展望。	不限制人数 所需时间60分钟 准备模造纸和笔记工具

建设完美团队的技巧与方法

名称	说明	要求
Open Space 开放的空间 ★★	这是由参加者选择、收集和分享自己感兴趣的议题的方法。组织者把自己想要讨论的主题加以解释说明，参加者选择自己感兴趣的小组进行讨论。随意选择讨论方法，有趣的最好。讨论结束后，全员集体分享各组的讨论结果。	不限制人数 所需时间 60 分钟 无需准备物品
对话 ★★	决定讨论的主题后，从简单的角度切入，展开讨论。但是，互相之间不需要为了加深理解而调整自己的意见，也不需要统一意见达成共识。关键是要保留自己的看法，提出新的设想。	需要 20 人 所需时间 60 分钟以上 无需准备物品
国际咖啡馆 ★★	分成多个小组进行讨论后，每个小组留下一个人（组长），其他人转移到别的小组再对同一话题进行讨论。如此循环一周，参与过所有小组的讨论后，可以体会到全员讨论的一体感。如果在纸上写下讨论记录效果会更好。	不限制人数 所需时间 60 分钟以上 准备纸和笔记工具
Offside Meeting 户外会议 ★★★	这是一种通过轻松真挚的谈话来组建团队的方法。首先，每个人进行一次详细的自我介绍，其他成员认真倾听。接下来，不需要特意规定话题，成员对于存在不满和问题的地方进行自由交谈，让现场气氛自由发展。	需要不超过 10 人 所需时间 60 分钟以上 无需准备物品
乔哈利之窗 ★★★	比如说 A 部门和 B 部门在组建团队的时候，先要 A 部门考虑："我们 A 部门是怎么想的"，"B 部门是怎么想的"，"如果我们是 B 部门会怎样想"。然后换 B 部门来做同样的事，比较双方想法的差异之处。	需要 20 人 所需时间 60 分钟以上 准备白板
Lead'ers Integration 领导者与团队成员的融合 ★★★	在领导不在场的情况下，成员对"关于领导大家已经知道的事情、想知道的事情、希望他做的事情和成员可以做的事情"等话题进行讨论，并加以记录。然后邀请领导参加讨论并对记录的问题一一解答。如果对团队有所规定，请在这时发表。	需要 20 人 所需时间 60 分钟 准备白板
圆圈讨论游戏 ★★★	事先设定讨论的主题，不管自身的想法，随机将成员分成赞成派和反对派两组，大家站在各自派别的立场上进行模拟讨论。不以区分胜负为目的，而是要了解更多不同的想法。交换立场可以促进认识的深入。准备多个观点立场，依次循环操作也是可以的。	需要 20 人左右 所需时间 60 分钟 无需准备物品

●关于游戏的选择

在数量众多的活动当中，我们选择的是不需要特殊道具的游戏(即使使用道具，也可随时从办公室或者商店得到)，并且是所需时间较短的游戏(大约60分钟以内)。"★"记号为难度指数("★"记号越多越难)。

●使用时的注意事项

在这些活动中，混杂着一些需要注意的游戏，有些会给特定的人带来不愉快感，有些会有身体接触或有一定危险，有些对于孩子、女性、老人、残障者比较困难，有些较易引起自我展示过多。在使用的时候，必须要遵守下列三项要求。

①参加者必须尊重包括自己在内的所有参加者，必须要抱着相互信任的态度进行游戏。另外，主持人也要注意营造这种环境。

②参加者必须要在自己能力范围内参与游戏。自己决定是否参加游戏，不喜欢的活动(不想做或是不想说话的游戏）可以不参加。

③主持人要观察参加者，根据参加者的情况选择游戏的难易程度，循序渐进。特别是进行对身心有一定危险的游戏时，要先创造出安全和信任的环境。

●鸣谢

本书介绍的活动，均为笔者们平时在工作中使用的活动，部分活动出处不明，无法署上原作者名。在此向用心努力开发出这些游戏的作者们，表示深切的敬意。